영상으로
쉽게 배우는
음악줄넘기

**영상으로
쉽게 배우는
음악줄넘기**

초판 1쇄 인쇄 2023년 6월 22일
초판 1쇄 발행 2023년 6월 24일

지은이 남중진
그   림 이종헌
펴낸이 우문식
펴낸곳 물푸레

등록번호 제1072호
등록일자 1994년 11월 11일
주소 경기도 안양시 동안구 시민대로 230 아크로타워 B동 D1251호
전화 031-453-3211
팩스 031-458-0097
홈페이지 www.kppsi.com
이메일 ceo@kppsi.com

저작권자 © 2023 남중진

정가 33,000원
ISBN 978-89-8110-343-9 13510

- 이 책의 QR코드로 연동되지 않는 영상은 모두 위법이며, 저작권법에 저촉됩니다.
- 허락 없이 내용의 일부를 인용하거나 발췌하는 것을 금합니다.
- QR코드와 연결된 영상은 유튜버 네트워크의 영향을 받습니다.

영상으로 쉽게 배우는 음악줄넘기

다이어트, 키 성장, 체력, 건강… 이 책 한 권이면 OK!

남중진 한국음악줄넘기협회장 지음

일러두기
이 책의 영상 및 그림 설명은 모두 '거울모드'로 되어 있다.
따라서 거울에 비친 자신의 모습을 보는 것처럼 그림과 같은 방향으로 동작을 따라 하면 된다.

차례

추천사 줄넘기로 건강한 세상! 11
　　　　　음악줄넘기로 행복을 만들자
들어가는 글 16

1장 줄넘기에 대한 기본 A to Z

줄넘기의 역사 및 확장 22
줄넘기 지식백과 23

2장 음악줄넘기의 모든 것

음악줄넘기의 장점 및 효과 30
음악줄넘기 전문 교육기관 '점핑클럽' 31

3장 '점핑클럽'과 함께하는 음악줄넘기

한국음악줄넘기협회 급수표 38
부상 예방을 위한 줄넘기 전후 운동 42
줄넘기 시작 전 실력에 맞는 줄 조절 55
줄넘기 스트레칭 및 근력 운동 56

4장 줄넘기 급수별 동작

1단계: 베이직 과정

개인줄 7급	1. 8자 돌리기 **78**	2. 양발 모아 2도약뛰기 **79**	3. 양발 모아 1도약뛰기 **80**	4. 앞뒤 모아뛰기 **81**
개인줄 6급	1. 8자 아래위 스윙 **82**	2. 좌우 벌려 모아뛰기 **83**	3. 앞뒤 벌려 모아뛰기 **84**	4. 엇걸어 풀어뛰기 **85**
개인줄 5급	1. 8자 더블스윙 **86**	2. 옆 떨쳐 모아뛰기 **87**	3. 번갈아 2박자뛰기 **88**	4. 가위바위보 뛰기 **89**
개인줄 4급	1. 8자 되돌리기 **90**	2. 번갈아뛰기 **91**	3. 엇걸어뛰기(OOCC) **92**	4. 뒤로 뛰기 **93**
개인줄 3급	1. 8자 팔 감기 **94**	2. 앞 들어 모아뛰기 **95**	3. 옆 떨쳐 엇걸어뛰기 **96**	4. 뒤 엇걸어 풀어뛰기 **97**
개인줄 2급	1. 더블 스윙 옆다리 들기 **98**	2. 뒤 들어 모아뛰기 **99**	3. 더블 엇걸어 풀어뛰기 **100**	4. 1.5중 모아뛰기 **101**
개인줄 1급	1. 되돌려 뛰기(무릎·다리) **102**	2. 앞 흔들어 뛰기 **103**	3. 1.5중 엇걸어 풀어뛰기 **104**	4. 2중뛰기(양발 모아 3번) **105**

짝줄 7급	맞서뛰기 2도약 **106**
짝줄 6급	맞서뛰기(3/3/3) **107**
짝줄 5급	나란히뛰기(4/2/1) **108**
짝줄 4급	나란히뛰기-앞뒤뛰기 **109**
짝줄 3급	사슬뛰기 2도약 **110**
짝줄 2급	사슬뛰기 몰아주기(3/4/3) **111**
짝줄 1급	사슬뛰기 반회전(앞/뒤/앞)(3/3/3) **112**

긴 줄 7급	배웅 기본뛰기 **113**
긴 줄 7급	마중 기본뛰기 **114**
긴 줄 6급	제자리 뒤로 뛰기 **115**
긴 줄 5급	뒤·앞뛰기(3/3) **116**
긴 줄 4급	뒤·앞·뒤뛰기(기본) **117**
긴 줄 3급	앞으로 뛰기(기본)(3/6/3) **118**
긴 줄 2급	양발 모아-옆 떨쳐 모아-옆 떨쳐 엇걸어-양발 모아뛰기(3/4/4/3) **119**
긴 줄 1급	2중뛰기(3/4/3) **120**

2단계: 엘리트 과정

개인줄 7급	1. 스윙회전뛰기 **122**	2. 옆흔들어뛰기 **123**	3. 십자뛰기 **124**	4. 되돌려 넘어 모아뛰기(EB.O) **125**	5. 점프 팔 감아 멈춤 **126**
개인줄 6급	1. 스윙 방향 전환 뛰기 **127**	2. 지그재그뛰기 **128**	3. 앞들어 꼬아뛰기 **129**	4. 되돌려 넘어 엇걸어뛰기(EB.C) **130**	5. 다리 걸어 X멈춤 **131**
개인줄 5급	1. 8자 되돌려 팔 감기 **132**	2. 앞들어 다리 뻗어뛰기 **133**	3. 뒤 들어 꼬아뛰기 **134**	4. 두께비뛰기(토드) **135**	5. 되돌려 X멈춤 **136**
개인줄 4급	1. 다리 밑 옆 떨치기 **137**	2. 토힐뛰기 **138**	3. 옆들어 찍기 **139**	4. 개구리뛰기(크루거) **140**	5. 꽃게 엇걸어 멈춤 **141**
개인줄 3급	1. 팔감아 회전뛰기 **142**	2. 앞들어 좌우 벌려 모아뛰기 **143**	3. 뒤 1.5중 모아뛰기 **144**	4. 오금 되돌려 넘기(CL) **145**	5. 다리 밑 어깨 걸어 멈춤 **146**
개인줄 2급	1. 다리 밑 팔 감아 회전뛰기 **147**	2. 앞 흔들어 무릎 들어 꼬아뛰기 **148**	3. 뒤 1.5중 엇걸어뛰기 **149**	4. 오금 엇걸어뛰기(AS) **150**	5. 다리 밑 X멈춤 **151**
개인줄 1급	1. 엇걸어 스윙 회전뛰기 **152**	2. 앞·뒤·앞 뛰기 **153**	3. 양손 뒤 엇걸어 풀어뛰기(TS) **154**	4. 솔개뛰기 **155**	5. X팔 걸어 멈춤 **156**

짝줄 7급	사슬뛰기 엇걸어 풀어 **157**
짝줄 6급	사슬뛰기 몰아주기 회전 **158**
짝줄 5급	사슬뛰기 엇걸어 혼자 회전 **159**
짝줄 4급	사슬뛰기 엇걸어 자리 이동 **160**
짝줄 3급	차이니즈 기본 **161**
짝줄 2급	차이니즈 혼자 회전 **162**
짝줄 1급	차이니즈 자리 이동 반 바퀴 **163**

긴 줄 7급	이동 방향 전환 **164**
긴 줄 6급	나란히 뛰기 옆 떨쳐 모아뛰기(3/4/3) **165**
긴 줄 5급	나란히 뛰기 손 바꿔 앞·뒤·앞 **166**
긴 줄 4급	나란히 뛰기 한 명 회전 **167**
긴 줄 3급	나란히 뛰기 마주 보며 회전 **168**
긴 줄 2급	나란히 뛰기 몰아주기 회전 **169**
긴 줄 1급	나란히 뛰기 등 마주 보며 회전 **170**

3단계: 슈퍼 과정

개인줄 7급 1. 되돌려 사이드 찍기 172 | 2. 옆 떨쳐 번갈아 엇걸어뛰기 173 | 3. 앞 흔들어 보 주먹뛰기 174 | 4. 1.5중 되돌려 넘기 175

개인줄 6급 1. 되돌려 프론트 찍기 176 | 2. 보 뒤들어 보 주먹뛰기 177 | 3. 되돌려 두꺼비뛰기(토드) 178 | 4. 송골매뛰기 179

개인줄 5급 1. 되돌려 흔들어뛰기 180 | 2. 뒤 들어 모아 제기차기 181 | 3. 바깥 두꺼비뛰기(인벌스 토드) 182 | 4. 2.5중 모아뛰기(SOO) 183

개인줄 4급 1. 뒤 되돌려 사이드 찍기 184 | 2. 앞뒤앞 엇걸어뛰기 185 | 3. 코끼리뛰기(엘리펀트) 186 | 4. 2.5중 옆 떨쳐 모아뛰기(SSO) 187

개인줄 3급 1. 뒤 되돌려뛰기 188 | 2. 좌우 벌려 팔 감아 엇걸어뛰기 189 | 3. 개구리-두꺼비뛰기(크루거-토드) 190 | 4. 2.5중 옆 떨쳐 엇걸어 풀어뛰기(SCO) 191

개인줄 2급 1. 두꺼비 팔 감기(토드W) 192 | 2. 되돌려 팔 감아 앞들어 모아뛰기 193 | 3. 두꺼비-개구리뛰기(토드-크루거) 194 | 4. 2.5중 옆 떨쳐 모아 엇걸어뛰기(SOC) 195

개인줄 1급 1. 바깥 두꺼비 팔 감기(인벌스 토드W) 196 | 2. 지그재그 힐 197 | 3. 두꺼비 되돌려 넘어 모아뛰기(토드-EB-O) 198 | 4. 2.5중 옆 떨쳐 엇걸어뛰기(SCC) 199

짝줄 7급 차이니즈 자리 이동 200
짝줄 6급 차이니즈 엇걸어 풀어 201
짝줄 5급 차이니즈 엇걸어 회전 202
짝줄 4급 차이니즈 더블 엇걸어 풀어 203
짝줄 3급 차이니즈 몰아주기 회전 204
짝줄 2급 차이니즈 자리 이동 회전 205
짝줄 1급 차이니즈 슈퍼 연결 동작 206

긴 줄 7급 사슬뛰기(3/4/3) 207
긴 줄 6급 사슬뛰기 몰아주기(3/4/3) 208
긴 줄 5급 사슬뛰기 엇걸어 풀어(3/4/3) 209
긴 줄 4급 사슬뛰기 한 명 회전(3/3/3) 210
긴 줄 3급 차이니즈 기본뛰기(4) 211
긴 줄 2급 차이니즈 엇걸어 풀어(3/4/3) 212
긴 줄 1급 차이니즈 몰아주기 회전(3/4/3) 213

4단계: 마스터 과정

개인줄 7급
1. 앞 멈춰 다리 꼬아 회전뛰기 216 | 2. 꽃게 엇걸어뛰기(카부스) 217 | 3. 십자 오금 엇걸어뛰기(메간) 218 | 4. 2중 더블 엇걸어뛰기[(OO)C.C] 219 | 5. 되돌려 다리 들어 팔 걸어 멈춤 220

개인줄 6급
1. 바깥 두꺼비 팔 감아 되돌리기(인벌스 토드-W) 221 | 2. 사선 흔들어 힐뛰기 222 | 3. 되돌려 넘어 양손 뒤 엇걸어 풀어뛰기(EB-TS) 223 | 4. 2.5중 되돌려 넘기(S.EB.O) 224 | 5. 되돌려 다리 들어 X멈춤 225

개인줄 5급
1. 되돌려 사방향뛰기 226 | 2. 2중 보주먹뛰기 227 | 3. 오금 엇걸어뛰고 오금 되돌려 넘기(AS-CL) 228 | 4. 2.5중 되돌려 엇걸어 넘기(S.EB.C) 229 | 5. 점프다리 X멈춤 230

개인줄 4급
1. 두꺼비 팔 감아 개구리뛰기(토드W-크루거) 231 | 2. 2중 번갈아뛰기 232 | 3. 오금 되돌려 넘어 오금 되돌려 넘기(CL-CL) 233 | 4. 팔 감아 넘기 1.5중-2.5중(WW-WWO) 234 | 5. 양손 뒤 엇걸어 백조 멈춤 235

개인줄 3급
1. 다리 밑 되돌려 몸 감아 릴리즈 236 | 2. 1.5중 되돌려 팔 감아 회전뛰기 237 | 3. 팔 감아 엇걸어 1.5중-2.5중(WW-WWC) 238 | 4. 두꺼비 다리 감아 풀어 넘기(토드W-다리W) 239 | 5. 다리 꼬아 발목 걸어 멈춤 240

개인줄 2급
1. 1.5중 다리 밑 팔 감아 회전뛰기 241 | 2. 뒤 2중뛰기 242 | 3. 팔 감아 되돌려 넘기 1.5중-2.5중(WW-WWEB) 243 | 4. 개구리 다리 감아 풀어 넘기(크루거W-다리W) 244 | 5. 바깥 두꺼비 한 팔 걸어 멈춤 245

개인줄 1급
1. 1.5증 두꺼비 팔 감아뛰기(1.5중 토드-W) 246 | 2. 두꺼비 개구리 두꺼비 모아뛰기(토드-크루거-토드-O) 247 | 3. 3중뛰기 248 | 4. 2.5중 옆 떨쳐 두꺼비뛰기(S.T.J.O) 249 | 5. 되돌려 팔 감아 다리 걸어 릴리즈 멈춤 250

짝줄 7급 차이니즈 엇걸어 자리 이동 251
짝줄 6급 차이니즈 되돌려 넘기 회전 252
짝줄 5급 차이니즈 두꺼비 회전(토드 회전) 253
짝줄 4급 차이니즈 두꺼비 뛰기(토드) 254
짝줄 3급 차이니즈 몰아주기 엇걸어 회전 255
짝줄 2급 차이니즈 두꺼비-개구리-두꺼비 256
짝줄 1급 차이니즈 마스터 연결 동작 257

긴 줄(더블터치) 7급 기본 통과 258
긴 줄 6급 기본뛰기 OOO CO CO(OO)×3 259
긴 줄 5급 다중뛰기 OOO (OO)(CO) (OO)(CC) 260
긴 줄 4급 위아래 돌리기 261
긴 줄 3급 스위치 262
긴 줄 2급 뒤돌아 엇걸어 263
긴 줄 1급 좌우 돌리기 264

추천사

줄넘기로 건강한 세상!

그리스 철학자 플라톤은 "신이 인간에게 몸을 튼튼히 할 수 있는 운동을 선물한다면 그것은 바로 '점프 운동'이다"라고 말했다고 한다. 그가 살았던 시대에 '줄넘기 운동'이라는 개념이 있었는지는 모르겠지만, 현대 모든 운동학자는 언제 어디서나 쉽게 할 수 있고 건강을 지켜주는 운동으로 단연 '줄넘기'를 꼽는다. 그만큼 줄넘기가 몸에 좋은 운동이라는 것은 누구도 부정할 수 없는 사실이다.

내가 신문사에서 기사를 쓰려고 분주히 자료를 찾던 어느 날, 지인 한 분이 찾아와 밤에 잠을 자려 해도 잠이 오지 않는 데다, 뼈가 약해지고 다리 근육도 많이 감소했다며 푸념했다. 나는 그에게 따로 하는 운동이 있느냐고 물었다. 그는 "숨쉬기 운동은 누구보다 열심히 하지"라고 대답했고, 우리는 서로 마주보며 크게 웃었다. 가게 일로 운동 시간을 좀처럼 내지 못하는 지인을 위해 나는 줄넘기를 선물하면서 "손님이 없는 시간마다 약간 숨이 찰 정도로 하루 3세트만 하세요. 하체 근육도 탄탄해지고 잠도 잘 올 겁니다"라고 말했다. 그러자 그는 "줄넘기 운동이 뼈와 근육에 어떤 도움이 된다는 거지?"라고 물었다. 나는 스포츠 의학 전문가가 말하는 줄넘기 운동이 몸에 좋은 이유를 몇 가지 얘기해줬다.

우리 몸은 25세 이후 조금씩 근육이 위축되고, 35세가 넘어서면 매년 평균 1퍼센트씩 근손실이 생겨 연골과 뼈가 노화되기 시작한다. 그런데 많은 연구 결과는 줄넘기 같은 수직 운동이 성장기 아이에게는 성장판이 자극되어 키 성장에 좋고, 나이 든 성인은 살짝살짝 점프할 때마다 저항을 견뎌내는 과정에서 골밀도가 높아져 골절상 예방뿐 아니라, '속근(순간적인 힘을 쓰는 근육)'과 '지근(오랫동안 버티는 근육)'이 탄탄해진다고 강조한다. 또 혈관을 강하게 만들 뿐 아니라 혈류가 잘 돌아 뼈, 관절, 근육을 단련시키는 최고 운동 중 하나라고 한다. 줄넘기는 뛰는 과정에서 유산소 운동도 되기 때문에 심장기능, 즉 '심폐지구력'이 좋아져 생활 습관 병(성인병)을 예방하는 데 특효 운동이라고 할 수 있다.

내가 줄넘기를 선물해준 지인은 신체 기능 불균형에 따른 정신 기능 저하로 에너지 충전이 잘 안 되고, 밤에 잠도 잘 자지 못하고 있었다. 신체 기능이 떨어지면 정신 기능이 떨어지는 것은 당연한 이치다.

인간은 육체와 정신이 따로 분리되어 있는 것처럼 보여도 이 둘은 상호작용하는 관계다. 이를 체육에서는 '심신일원론'으로 본다. 신체 기능이 저하되면 '세라토닌'이라는 호르몬이 부족해져 매일 피곤하고 밤에 잠을 자지 못하는 불면증이 생겨 우울증과 각종 신경정신 질환이 사회생활 결여로 이어질 수 있다.

특히 현대 사회는 실내에서 하는 일이 많아 활동량(운동)이 부족하거나 햇빛을 보지 못하는 경우가 대부분이라서 행복 호르몬으로 불리는 세로토닌이 감소하고, 반대로 스트레스 호르몬인 '코르티솔'이 증가해 사람과의 관계에도 악영향을 미치곤 한다. 그러니 가정마다 줄넘기를 하나씩 비치해두고 시간이 날 때마다 햇볕이 드는 곳에서 비타민 D를 공급받으며 조금씩 뛰는 것을 권한다.

많은 사람이 다이어트 운동으로 줄넘기를 꼽는 이유는 칼로리 소모가 크기 때문이다. 그래서 큰돈을 들이지 않고도 건강을 지킬 수 있는 줄넘기를 일명 '5밀리미터의 건강 생명 줄'이라고 일컫는다. 여러 논문에서 밝혀진 바지만, 운동선수들이 줄넘기를 기초 운동으로 선택하는 이유는 손으로 줄을 돌리고, 발로 뛰어넘는 과정에서 '협응력'과 '리듬감'이 크게 향상되기 때문이다.

신체가 건강해야 정신이 건강하고, 정신이 건강해야 삶의 질이 높아지는 것은 당연하다. 따라서 이 책을 통해 많은 이가 효과를 보고 '줄넘기로 건강한 세상!', '줄넘기로 행복한 세상!'이 되길 바란다. 아울러 한국음악줄넘기협회의 무궁한 발전을 기원하며 남중진 회장을 진심으로 응원한다.

손성도 한국스포츠신문사 대표·이학 박사

추천사

음악줄넘기로 행복을 만들자

초등학교 5학년 때쯤인가. 당시에는 줄넘기 시합이나 대회가 따로 없었음에도 내가 다니던 충주 시골 초등학교에까지 줄넘기를 하는 학생이 많았던 것을 보면 줄넘기가 꽤 인기 있는 운동이었던 것 같다. 학교에 줄넘기를 잘하는 아이가 많다 보니 자연스럽게 쉬는 시간이나 학교가 끝난 후 삼삼오오 모여 줄넘기 시합을 했다. 어느 날 줄넘기를 가장 잘하는 아이들끼리 줄넘기 시합을 했는데 내가 1등을 했다. 쉬지 않고 2시간 넘게 한 것 같다. 그 후 성인이 되어 태권도, 합기도, 검도를 할 때는 물론, 일상에서도 줄넘기는 나에게 기본적인 행복 도구로 자리 잡았다. 그래서일까 많은 역경을 극복할 수 있었고, 지금은 건강하고 행복하게 전 국민을 대상으로 행복을 만들어주고 있다.

세계적인 베스트셀러 작가이자 미국 스탠퍼드대학교 심리학 교수인 켈리 맥고니걸은 "행복은 건강한 상태가 아니라 움직임과 밀접한 관계가 있다"고 말했다. 줄넘기는 움직임을 대표하는 운동이다. 최근 들어 줄넘기도 진화해 음악을 곁들인 음악줄넘기가 인기다. 국내외에서 다양한 대회까지 열리고 있다.

그렇다면 음악줄넘기가 인기 있는 이유는 무엇일까? 우선, 경쾌한 음악과 함께하는 음악줄넘기는 심리적으로 활력을 불러일으키고, 근심과 걱정을 덜어주며, 뇌의 긍정 신경전달물질인 도파민과 세로토닌, 엔도르핀을 분출시켜 우울증, 불안증, 무기력, 외로움에 시달리지 않게 해준다. 또한 기쁨과 즐거움, 타인과의 유대관계 등 신체적·심리적·사회적 보상도 안겨준다.

특히 유산소 운동 중 하나인 줄넘기를 음악에 맞춰 하다 보면 만족감을 얻을 수 있고, 빠르거나 느리거나 강하거나 우아하게 움직이는 데서 전율도 느낄 수 있다. 미국 펜실베이니아대학교 연구팀이 40~60세 여성 255명을 대상으로 운동과 정신 건강의 상관관계를 연구한 결과, 중년 여성은 유산소 운동을 할 때 가장 행복한 것으로 나타났다. 유산소 운동을 한 그룹은 "앞으로도 운동을 계속할 수 있다"는 자신감이 생겼고, 활력적인 기분을 느끼는 지수가 고강도 운동 그룹에 비해 2배가량 높았다.

음악줄넘기는 내가 20년 넘게 연구해온 긍정심리학에서도 강력하게 추천하는 심리도구다. 음악에 맞춰 줄넘기를 하면 긍정 정서가 배양되어 강점과 회복력을 키울 수 있고, 이것이 결국 행복을 만들어주기 때문이다. 즉 줄넘기를 하고 나면 기분이 좋아진다. 기분이 좋아지면 머리가 맑아지고, 아이디어가 많이 떠오르며, 창의성이 향상된다. 또한 상대를 이해하고 용서하며 받아들이는 수용성과 스스로 참여하고 활동하는 자발성이 향상될 뿐 아니라, 말도 잘하게 되고, 기억력도 좋아진다.

이것으로 끝이 아니다. 기분이 좋아지면 행복을 만들어주는 심리적 자원, 인지적 자원, 신체적 자원, 사회적 자원이 구축된다.

1. 심리적 자원: 긍정 정서를 경험한 사람은 심리적으로 성장하고, 좀 더 낙관적이 되며, 회복력이 강해지고, 더 개방적이면서 수용적일 뿐 아니라, 목적 지향적이 된다. 그래서 심각한 스트레스와 역경이 닥쳐도 극복하고 우울증, 불안증, 분노 같은 심리적 증상도 해소할 수 있다.

2. 인지적 자원: 긍정 정서는 좀 더 포용력 있는 사고 습관을 갖게 하기 때문에 긍정 정서를 경험한 사람은 습관적으로 주변을 더 잘 인지하고 주변에 마음을 기울이게 된다. 또한 인생의 좋은 점들을 깊이 음미하며, 나아가 목표에 도달하는 다각적인 방법을 모색하는 데도 능숙해지고, 문제를 피해가는 다양한 경로도 찾아낼 수 있다.

3. 신체적 자원: 긍정 정서는 스트레스와 관련된 호르몬 수치를 감소시키고, 성장 및 유대감과 관련된 호르몬 수치를 증가시킨다. 즉 도파민과 세로토닌, 오피오이드 수용체의 분비 증가는 물론, 면역 기능 증진, 스트레스에 대한 염증성 반응의 감소를 가져온다. 따라서 긍정 정서가 혈압을 낮추고, 통증을 줄이며, 숙면을 취하게 한다는 것은 그리 놀라운 일이 아니다. 긍정 정서가 강한 사람은 질병에 걸릴 위험성도 낮아 고혈압과 당뇨병, 뇌졸중에 덜 걸린다. 과도한 스트레스로 발생하는 감염성 질환(감기, 몸살) 또한 예방할 수 있다.

4. 사회적 자원: 긍정 정서가 가져오는 개방성은 대인관계에서 놀라운 영향력을 발휘한다. 무엇보다 긍정 정서가 강한 사람은 주변에 활력을 불어넣는다. 이는 당사자를 매력적인 사람으로 비치게 하는 데 상당한 역할을 한다. 또한 긍정 정서에는 전염성이 있다. 즉 당신이 주변에 기쁨을 나누면 다른 사람들도 기쁨을 느끼게 되는데, 이 과정에서 계속해서 사회적 인맥이 구축된다. 마음을 더 활짝 열고 진심 어린 긍정 정서를 나눌수록 주변 사람과의 연결성은 더욱 공고해진다.

음악줄넘기는 역경이나 트라우마를 극복하는 데 필수 요소인 회복력을 키워주고, 목표를 성취하는 데 도움을 줄 수 있다. 회복력은 우리 내면에 자리한 강력한 힘이자 역경을 극복하는 원동력이며, 내면의 마음 근육을 단련해 성장하게 하는 도구다.

또한 음악줄넘기는 성격강점(Character Strengths)을 키우는 데 도움이 되는 수단이기도 하다. 선한 품성과 도덕적 개념에 기반을 둔 성격강점은 과학적으로 검증된 도구로, 자신이 가장 좋아하고 잘하는 성격 특성을 가리킨다. 인성강점으로도 불리는 성격강점은 자신의 노력으로 얼마든지 키울 수 있다. 즉 끈기와 열정, 자기통제력, 용감성 같은 강점을 키우고 성취감을 느끼는 데 음악줄넘기가 도움이 될 수 있는 것이다.

나는 긍정심리학을 강의하면서 "셀프 세라피스트(Self Therapist)가 되라"는 말을 자주 한다. 심리적으로 어려운 문제를 스스로 해결하고 행복을 만들라는 의미다. 긍정심리학에는 그렇게 도와주는 도구들이 있다. 그 도구들 중 음악줄넘기가 으뜸이 될 수 있으리라고 생각한다. 이 책을 통해 독자들도 셀프 세라피스트가 되는 데 한 걸음 더 다가가길 바란다.

우문식 한국긍정심리연구소 소장·경영학 박사·상담심리학 박사

들어가는 글

어릴 때 영화에서 쌍절곤을 돌리는 이소룡을 보고 좋은 의미에서 큰 충격을 받았던 기억이 있다. 그의 모습이 어찌나 멋지고 강인해 보이던지, 그 후 쌍절곤을 배우고 싶어 몇 날 며칠을 이소룡 꿈만 꿀 정도였다. 하지만 쌍절곤을 가르쳐주는 체육관이 없어 실망하고 있었는데 어느 날 친구가 쌍절곤 관련 책을 학교에 들고 왔고, 친구에게 부탁해 책을 빌렸다. 무척 들뜬 마음에 집에 돌아와 책을 펼쳤는데 이게 웬걸! 도무지 무슨 말인지, 무슨 그림인지 이해할 수가 없었다.

'이소룡이 영상으로 쌍절곤 돌리는 법을 알려주면 참 좋으련만…'이라는 생각이 내내 머릿속을 떠나지 않았다. 이후 태권도를 배우고 가르치고, 또 음악줄넘기를 전파하면서도 그 생각을 실천하고 싶다는 마음이 간절했고, 마침내 《영상으로 혼자 배우는 음악줄넘기》를 쓰게 됐다. 어릴 적 그토록 배우고 싶던 쌍절곤을 생각하면서 누구나 쉽게 줄넘기 운동을 따라 할 수 있도록 정리하고 설명한 책이다. 줄넘기 동작을 급수 및 난이도별로 체계적으로 애니메이션 캐릭터 그림과 영상으로 설명한 것은 대한민국, 나아가 전 세계에서 이 책이 처음이다. 이 책의 장점을 정리하면 다음과 같다.

1. 대한민국을 대표하는 한국음악줄넘기협회 공식 급수별 동작으로 이루어졌으며, 점핑클럽 음악줄넘기 전문 교육관에서 실제로 가르치는 내용을 그대로 담았다.
2. 영상은 일반 동작과 슬로 동작으로 되어 있어 영상만 봐도 누구나 쉽게 배울 수 있다.
3. 성장기 아이, 살을 빼고 싶은 성인, 체력을 기르고 싶은 이에게 효과적인 동작들로 구성했다.
4. 급수에 따라 영상 속 애니메이션 캐릭터의 머리색, 의상, 줄넘기 색이 변하기 때문에 지루하지 않다.

5. 근력 스트레칭 영상은 줄넘기에 필요한 근육운동들로 이루어져 체력 증진에 도움이 된다.

이 책은 특히 다음 여섯 가지 중 하나라도 해당하는 이에게 권한다.

1. 체력: 프리미어리그 출신인 이영표 축구해설가는 고교 시절 다른 선수들보다 잘 뛰고 싶어 매일 줄넘기 2중뛰기를 1,000개씩 했고, 2년 동안 줄넘기가 두 번 끊어졌을 때 비로소 경기 내내 축구공을 끝까지 다룰 수 있을 만큼 체력이 강해졌다고 한다. 축구, 복싱, 마라톤, 태권도 등 체력을 요하는 스포츠의 기초 운동으로 줄넘기가 필수인 이유다.

2. 키 성장: 아이돌그룹 아이브의 안유진은 MBC 예능프로그램 〈라디오스타〉에 출연해 김국진이 키가 172센티미터까지 자란 비결을 묻자 줄넘기가 비결이라고 답하고, 2중뛰기를 한 번에 100개가량 한다며 줄넘기 실력을 선보였다. 키는 유전적 요인도 중요하지만, 잘 자고 잘 먹으면서 줄넘기 같은 직하방 운동을 꾸준히 하면 성장을 극대화할 수 있다. 즉 수직 운동인 줄넘기를 꾸준히 하면 점프할 때마다 성장판이 자극받아 키 성장에 도움이 된다.

3. 순발력(speed): 줄넘기 하면 가장 먼저 생각나는 운동이 복싱이나 태권도, 육상일 것이다. 이 운동을 할 때 줄넘기가 필수인 이유는 간단하다. 복싱을 잘하려면 스텝 운동의 기본기를 갖춰야 하고, 태권도 발차기를 잘하려면 발을 빨리 움직여야 하며, 육상에서는 무엇보다 스피드가 중요하기 때문이다. 세계태권도본부 국기원(국가대표시범단) 단장인 남승현 교수는 줄넘기는 스텝을 빠르게 하는 데 가장 적합하고, 하체 단련을 위한 최고의 운동이라고 말했다. 영국 에식스대학교 제이슨 모런 교수는 "줄넘기는 같은 힘이라도 짧은 시간에 집중해서 쓰는 파워(순발력)를 키울 수 있는 운동"이라고 말했다. 따라서 달리기를 할 때 속도를 높이고 싶다면 줄넘기가 필수다. 땅에 발을 디딘 상태보다 공중에 머물 때 속도가 더 붙기 때문이다. 줄넘기로 순발력을 키우면 체공 시간을 늘릴 수 있어 운동선수에게는 그만큼 도움이 된다.

4. 다이어트: 종합편성채널 채널A의 예능프로그램 〈나는 몸신이다〉에 소개된 내용을 보면, 5밀리미터의 생명줄 건강법인 줄넘기는 전신운동이자 유산소·무산소 운동으로 체중 감량은 물론, 뼈와 혈관 건강에도 큰 도움이 된다. 〈나는 몸신이다〉에 출연한 유튜버 박진완 씨는 줄넘기로 한 달 만에 체중 30킬로그램을 감량했다고 해 모두를 놀라게 했다. 많은 학회 논문도 체중 60킬로그램인 사람이 하루에 한 시간 동안 줄넘기를 하면 1,000칼로리 가까이 소모된다는 것을 입증했다. 이는 등산, 수영, 자전거 타기보다도 칼로리 소비가 많은 수치다.

5. 건강: 많은 의사가 건강 운동으로 줄넘기를 적극 추천하는 이유는 첫째, 골밀도를 높여 상해를 예방하기 때문이다. 나이가 들어 골밀도가 저하된 이들에게 줄넘기 같은 직하방 운동으로 저항을 주면 이를 견뎌내는 과정에서 뼈가 점점 튼튼해지고, 몇 개월만 꾸준히 하면 골밀도가 개선된다는 연구 결과들이 있다. 스탠퍼드대학교 의대 마이클 프레데릭슨 교수는 "골밀도를 높이려면 줄넘기처럼 뼈에 자극을 주는 운동을 선택하는 것이 좋다"고 말했다. 둘째, 심장 기능과 지구력이 좋아지기 때문이다. 줄넘기를 숨이 조금 찰 정도로 3개월간 꾸준히 하면 심장과 근육, 혈관이 튼튼해지고 혈압도 관리된다. 한 예로 재활의학과에서 추적 관찰한 결과, 심근경색 환자 중 줄넘기를 1개월간 한 집단이 그렇지 않는 집단에 비해 최대 45퍼센트까지 건강해지고 폐활량도 최대 2배 이상 좋아진 것으로 나타났다.

줄넘기는 부상 방지에도 도움이 된다. 점프, 줄 돌리기, 발 바꾸기 등 줄넘기의 세부 동작은 달리기보다 더 다양하다. 프레데릭슨 교수는 "줄넘기처럼 여러 방향으로 뼈와 근육을 움직이는 훈련을 하면 다른 운동을 할 때 생길지도 모를 부상을 방지할 수 있다"고 말했다.

6. 행복: 나는 체육심리학을 전공했지만 음악줄넘기에 행복을 접목하기 위해 행복을 과학적으로 만들어주는 긍정심리학을 우리나라에 처음 도입한 우문식 교수님으로부터 1년 이상 별도로 배우면서 행복은 만드는 것이라는 사실을 확인했다. 일반 사람들은 행복을 만들 수 있다는 말을 의아하게 생각할 것이다. 나도 처음에는 그랬다. 하지만 긍정심리학을 배우면서 긍정심리학의 핵심 요소인 긍정 정서, 몰입, 긍정 관계, 의미, 성취, 강점으로 행복을 만들 수 있다는 사실을 알았다. 그리고 음악줄넘기를 하면 행복을 만들어주는 이 여섯 가지 요소가 모두 작용한다는 것을 깨달았다. 즉 음악줄넘기를 하면 긍정 정서가 배양되어 긍정 신경전달물질이 분출되고, 몰입도가 높아져 만족도와 즐거움이 커지며, 긍정 관계가 증진되어 사회성이 향상된다. 또한 갈등이 사라지고, 성취감을 통해 자신감과 자기효능감이 높아지며, 강점이 발달해 자신의 정체성을 확인하고 역경을 극복하는 회복력을 키울 수 있다. 한마디로 자신은 물론, 다른 누군가에게도 도움을 베푸는 의미 있는 삶을 살 수 있는 것이다.

이렇게 많은 장점이 있는 줄넘기 운동에 음악을 접목해 건강과 재미, 행복 세 마리 토끼를 다 잡은 음악줄넘기 교육관은 2000년 초반까지 드문드문 생기다가 2020년부터 급속히 늘어나더니 지금은 주요 상권의 중심 자리에서 쉽게 찾아볼 수 있을 만큼 많아졌다. 음악줄넘기 교육관이 아니더라도 태권도, 합기도, 검도 등 많은 무예도장에서 줄넘기 수업을 따로 진행할 정도로 줄넘기는 이제 모든 스포츠에서 없어서는 안 될 기초 운동이 됐다. 따라서 성장기 아동은 물론, 운동이 필요한 남녀노소 누구에게나 유용한 줄넘기 기술을 체계적으로 설명해놓은 이 책을 활용한다면 자신이 목표로 하는 신체 변화를 직접 체험할 수 있으리라 자신한다.

마지막으로 이 책에 함께 참여한 이재모 선생님, 김병진 선생님, 최장호 선생님, 장순호 선생님, 황철환 선생님, 한형구 선생님, 김도임 선생님, 김선규 선생님, 나용수 선생님, 박정우 선생님, 유제선 선생님, 이성건 선생님, 전재성 선생님, 주해진 선생님, 하현주 선생님, 임기주 선생님, 김건 선생님, 조한별 선생님, 이종헌 선생님 그리고 한국긍정심리협회장이신 우문식 교수님에게 진심으로 감사의 말씀을 전한다.

2023년 음악줄넘기가 더욱 신나는 화창한 봄날에
남중진 한국음악줄넘기협회장·체육학 박사

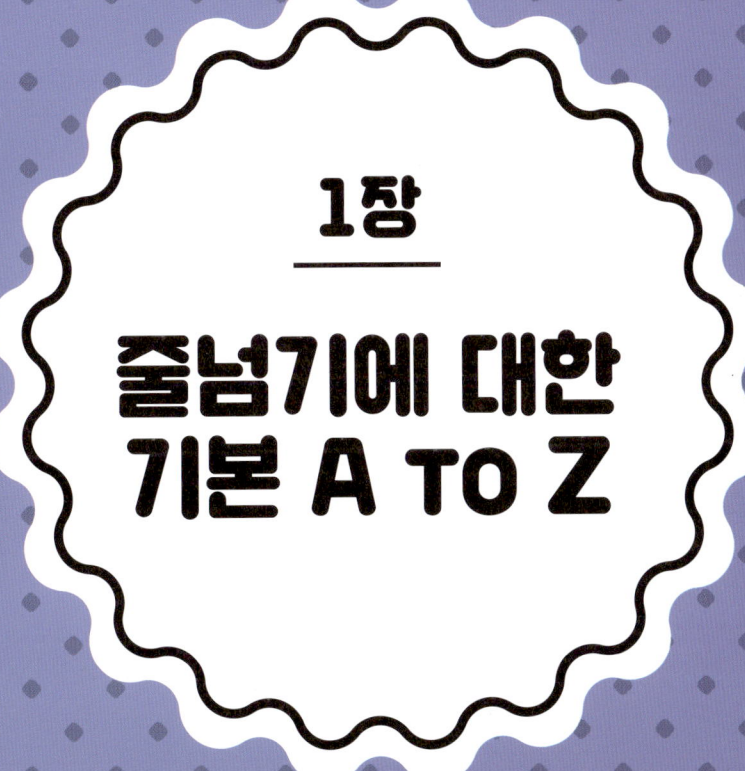

1장
줄넘기에 대한 기본 A TO Z

줄넘기의 역사 및 확장

01 줄넘기의 유래부터 과거 기록까지

　줄넘기는 동서양을 막론하고 아이들이 놀이로 많이 즐겨왔지만 의외로 그 기원에 대해서는 정설이 없다. 뛰는 즐거움은 인간의 본능이고, 아이들은 놀이를 창작하는 천재다. 따라서 줄넘기는 줄이라는 생활도구와 움직임의 본능이 어우러져 자연발생적으로 창작된 놀이로, 줄이라는 도구가 생긴 역사와 기원을 함께한다고 보는 것이 통설이다. 나라별로 유래는 조금씩 다르긴 해도 아이들이 만들고 발전시켜온, 그래서 아이들의 놀이와 성장에 가장 큰 영향을 미치는 운동이라고 할 수 있다.

　우리나라에서 줄넘기를 시작한 유래도 명확하게 밝혀진 것은 없지만, 조선 후기 최영연이 당시 각종 놀이와 명절 풍속 등 다양한 내용을 담아서 쓴 시집 《해동죽지(海東竹枝)》에 "아이들이 새끼줄의 양쪽 끝을 잡아 넘고 또 뛰어 1,000여 번에 이른다"라는 문장이 나온다. 비록 간단하게 언급한 내용이지만 오늘날과 같이 아이들이 줄넘기를 하는 모습을 정확히 묘사하고 있어 이 땅에서도 오래전부터 줄넘기가 놀이로서 자리 잡았음을 짐작할 수 있다.

　해방 전에는 일본의 영향을 받아 주로 학교에서 여자아이들이 동요에 맞춰 긴 줄넘기로 놀이를 했고, 초등학교에서 줄넘기 교육도 이루어졌다. 해방 이후에는 줄넘기에 대한 연구나 개발이 활발히 이루어지지 않아 트레이닝 목적으로 주로 했으며, 1970년대까지 학교 체육시간에 줄넘기를 일부 실시했다.

02 현대에 접어들어 다양하게 발전한 줄넘기

　1990년대 줄넘기는 줄을 가지고 음악에 맞추어 뛰는 음악줄넘기, 줄을 넘으면서 춤을 추는 점핑댄스, 태권도와 줄넘기가 결합된 태권줄넘기, 체조 동작이나 빠른 스피드를 바탕으로 제한 시간에 여러 동작을 표현하는 프리스타일 등으로 발전했다. 또한 초중등 학교 체육시간에 시행하는 기본 운동이 됐을 뿐 아니라, 탁월한 다이어트 효과로 점핑댄스 등에 적극 참여하는 성인도 늘어났다.

　1990년대에 이어 2000년대에 접어들면서 줄넘기를 위한 다양한 자료와 기술이 개발됐으며, 스포츠지도자와 교사, 일반인의 관심이 고조되어 한국 줄넘기는 새로운 전기를 맞았다.

줄넘기 지식백과

01 줄넘기 운동 효과

언제 어디서나 평평한 바닥만 있으면 남녀노소 누구나 할 수 있는 운동이 바로 줄넘기다. 줄넘기 운동은 유연성과 리듬감 향상, 전신 군살 제거, 체력과 면역력 증진 같은 신체 관리 장점이 있다. 또한 성장기 아동에게는 성장판 자극을 통해 키가 자라는 데 도움을 준다. 줄넘기 운동의 에너지 소비량은 평상시보다 8~10배가량 되며, 분당 심박수는 130~180회다. 5분간 줄넘기를 하면 1,500미터를 힘껏 달린 것과 같은 효과가 같으며, 10분 동안 줄넘기를 하면 30분 동안 달리기를 한 것과 같다는 연구 결과도 있다(Glenn, 1980)

02 효과적인 줄넘기 운동 방법

① 줄넘기는 때와 장소를 가리지 않고 할 수 있는 운동이지만 콘크리트나 아스팔트처럼 딱딱한 바닥은 무릎을 상하게 할 수 있으니 피해야 한다. 흙바닥이나 잔디밭, 마룻바닥, 또는 고무매트나 우레탄이 깔린 바닥을 선택하는 것이 좋다. 바닥 시설이 잘 되어 있는 줄넘기 전문 교육관에서 하는 것을 권한다.

② 바른 자세로 해야 한다. 두 발이 점프하거나 지면에 닿을 때 체중으로 인한 충격을 줄이는 것은 매우 중요하며, 바른 기술로 해야 무릎이나 발목에 무리가 가지 않는다. 올바르지 않은 자세로 계속 운동하면 여러 가지 부상을 입을 가능성이 있고 원하는 운동 효과도 얻을 수 없다. 올바른 줄넘기 자세는 다음과 같다.

△줄넘기 줄은 손잡이 아랫쪽을 가볍게 주먹을 쥐어 잡고 엄지로 누른다.
△시선은 정면을 바라보고 어깨와 상체 힘을 뺀 다음 가슴을 편다.
△줄넘기 잡은 손은 허리 부위에 두고, 팔 대신 손목을 이용해 돌린다.
△무릎의 작은 반동을 이용해 발가락으로 점핑한다.

③ 과도한 횟수 뛰기는 피한다. 특히 성장기 아동은 절대 무리해서는 안 된다. 만일 근육통이 아닌 관절통이 느껴질 때는 줄넘기 운동을 중단하고 병원을 찾아 진단을 받아보는 것이 좋다.

④ 익숙해지면 운동량을 조절한다. 줄넘기는 어느 정도 땀이 날 정도로 하는 것이 가장 적당하다. 보통 1분에 120회 정도 속도로 줄넘기를 하는데, 1분간 하고 2분 휴식을 취하

는 방법으로 3~5회 반복해 15분 이상 하는 것이 적당하다. 물론 개인에 따라 운동량을 조절할 수 있다.

⑤ 음악줄넘기가 좋다. 음악에 맞춰 줄을 잡고 흔들기, 돌리기, 뛰어넘기, 감기, 회선하기 등 여러 동작을 표현하면서 즐겁게 운동하는 방법이다. 줄넘기를 하면서 음악을 들으면 빨리 지치지 않고 좀 더 긴 시간 동안 활기차게 운동할 수 있다. 특히 감수성이 예민한 성장기 아동에게는 스트레스를 날리고 건강도 증진할 수 있는 일석이조의 방법이다. 음악은 분당 120~140비트의 곡을 선택하면 운동 효과를 가장 크게 높일 수 있다.

⑥ 앞돌리기 다음에는 뒤돌리기 연습도 한다.

⑦ 태권도를 하면서 더 다이내믹하고 창의적으로 줄넘기를 하는 것도 방법이다.

⑧ 무리하지 않는다. 주 3~4회가 적당하며, 개인의 신체 리듬에 맞게 조금씩 횟수를 늘려 나간다.

⑨ 준비운동과 정리운동을 반드시 한다. 무작정 줄넘기를 들고 나가 몇 분간 앞돌리기를 한 뒤 바로 들어오는 것은 바람직하지 않다. 줄넘기 전 몸에서 열이 나기 시작할 만큼 준비운동을 하고, 줄넘기를 마친 후에는 피로를 해소하고 근육통을 없애는 정리운동을 하는 것이 운동 효과를 높이는 길이다.

⑩ 땀 처리와 통풍이 잘되는 줄넘기 전용 유니폼을 입어 감기를 예방하고, 충격을 흡수하는 가볍고 바닥이 유연한 줄넘기 전용 운동화를 신어 부상을 방지하면서 근육통도 줄인다.

03 줄넘기 운동으로 인한 부상 방지 및 치료

① 발목: 점프했다 땅에 닿을 때 발바닥에 가해지는 충격은 체중의 5배 정도 된다. 따라서 무릎이나 발목 부상을 방지하기 위한 준비운동과 정리운동은 선택이 아닌 필수다.

② 무릎: 뛸 때 발꿈치가 땅에 닿지 않도록 주의한다. 쿵쿵 소리가 날 정도로 발꿈치가 땅에 닿으면 무릎과 허리에 무리가 갈 수 있기 때문이다. 발꿈치가 많이 닿을수록 무릎에 더 많은 무리가 가니 무릎 충격에 대비해 보호대를 착용한다. 단, 보호대는 줄넘기를 할 때만 사용한다.

③ 마사지: 줄넘기 후 냉찜질이나 족욕 등으로 근육을 푸는 것도 부상 방지를 위해 중요하다. 참고로 어린아이는 30초에서 1분 정도 연속해서 줄넘기를 뛰었다 쉬기를 반복하는 것이 부상 방지에 효과적이다.

04 줄 종류 및 재질

① 초고속 와이어 줄넘기
2중뛰기 및 빠른 스피드 동작이 요구될 때 사용하는 줄로 3중·4중·5중뛰기도 가능하다.

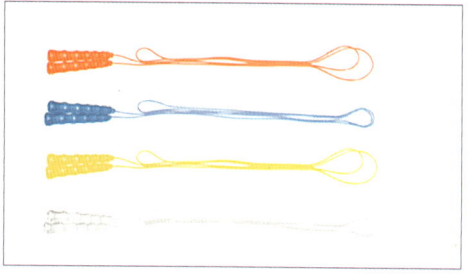

② 구슬 줄넘기
음악줄넘기에 많이 쓰인다. 줄이 바닥에 닿을 때 나는 소리로 박자를 맞춰 경쾌하게 동작을 연출할 수 있다. 또한 초고속 와이어 줄넘기보다 줄 꼬임이 적어 아이들이 사용하기에 적합하다.

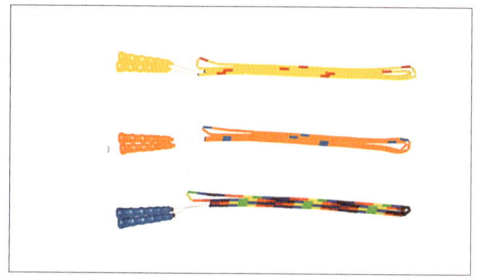

③ PVC 재질 줄넘기
일반인이 쉽게 접하고 가장 많이 사용하는 줄로, 모든 동작을 자유롭게 연출할 수 있다. 특히 2중뛰기 및 크로스 동작을 하는 데 장점이 있다.

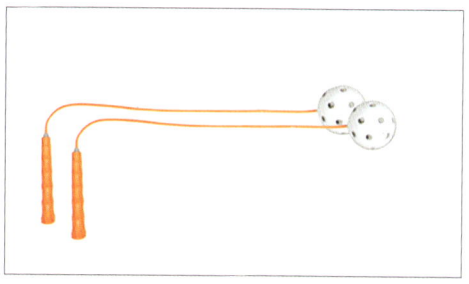

④ 줄넘기 트레이닝볼
줄넘기를 처음 접하는 아이가 줄의 회전력 원리를 훈련할 수 있도록 고안된 줄 없는 줄넘기다. 실내나 좁은 공간에서도 활용할 수 있다.

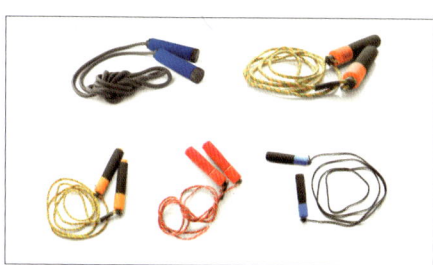

⑤ 기타
2인 줄넘기, 더블더치 줄넘기, 긴 줄넘기 등이 있으며 손잡이도 다양하다.

05 줄넘기 줄과 손잡이 길이 조절

　줄이 너무 길면 자세가 불안정해지고, 너무 짧으면 머리에 걸려 잘 돌릴 수 없다. 줄넘기 손잡이를 양손으로 각각 잡고 줄 중앙을 한 발로 밟았을 때 양손에 잡은 줄의 끝이 명치에 오면 가장 알맞다. 줄넘기 손잡이는 길수록 줄의 회전력이 커 빨리 돌아가기 때문에 초보나 어린이는 손잡이가 길어야 배우기 쉽다. 손잡이 길이는 15~21센티미터가 적당하다.

06 성장기 아동에게 줄넘기 운동이 특히 좋은 이유

아동기는 골격과 근육, 중추신경 등 모든 조직이 급변하는 시기다. 이때 줄넘기 운동을 규칙적으로 하면 골격을 단련할 수 있고, 체력과 운동 기능 발달에도 효과적이다. 특히 활동 욕구가 왕성한 반면, 사고와 학습 능력이 부족한 시기에 규칙적으로 신체 활동을 하는 아동은 지능 개발에 도움이 될 뿐 아니라, 가정이나 학교, 학원에서 받는 스트레스도 해소할 수 있다.

어린이들은 놀이나 신체 활동을 통해 성취감과 만족감을 느끼곤 한다. 그럼 세상을 긍정적으로 바라보고 어떠한 일에 도전하는 것에 두려움을 덜 가질 수 있다. 즉 열성적이고 적극적인 성격으로 변하는 것은 물론, 올바른 인성을 형성하는 데도 도움이 된다.

줄넘기를 통해 어릴 때부터 운동 기능을 키운 아이는 유연성이 또래보다 좋아 자신을 보호하는 호신 운동을 배울 때도 큰 효과를 볼 수 있다. 그럼 자신감이 생겨 또래 집단에서 리더십을 발휘하게 되고, 그러한 역할 속에서 사회적으로 인정받고 싶은 욕구가 충족되면 왕따나 외톨이 문제를 겪을 가능성이 낮아진다.

아동기에는 집단생활에 적응하는 능력과 규칙을 배우는 것이 무척 중요하다. 이를 통해 예의와 인내심, 배려 등을 익힐 수 있기 때문이다. 또한 운동 규칙을 배우는 과정에서 어려움을 스스로 해결하는 방법도 습득해 독립적인 아이로 성장할 수 있다. 한마디로, 또래와 함께하는 줄넘기 운동은 작은 사회생활이라 해도 과언이 아니며, 비록 간단한 운동이지만 아이가 신체적·정신적·심리적으로 얻는 효과는 상당하다.

07 줄넘기, 이것이 궁금해요

Q1 다리를 삐끗하지도 않았는데 아파요. 줄넘기를 갑자기 해서 그럴까요?

처음 줄넘기를 했는데 다리가 아프다면 갑자기 삐끗해서 상해를 입지 않은 이상 대략 두 가지 원인을 생각해볼 수 있습니다.

첫째, 정강이 쪽이 아프다면 '피로 골절'을 의심할 수 있습니다. 피로 골절은 2~3일 직하방 운동을 하지 않고 온찜질을 하면서 쉬면 금방 좋아집니다. 피로 골절은 정강이뼈를 보호하는 주변 근육이 약해져서 생기는 것이니 다리를 쭉 뻗고 앉은 자세로 발등을 폈다, 오므렸다를 반복하면 정강이 주변 근육을 강화할 수 있습니다.

둘째, 평소 안 쓰던 근육을 갑자기 많이 사용하면 산소 공급이 충분히 되지 않아 일시적으로 젖산이 쌓입니다. 이를 흔히 다리에 '알이 배겼다'고 표현하는데요. 젖산을 빨리 분해하려면(알을 빨리 풀려면) 가만히 쉬기보다 강도가 약한 운동으로 젖산을 산화하는 것이 좋습니다. '알이 배겼다'는 것은 근육이 지금보다 더 튼튼해지는 과정으로도 볼 수 있으니 크게 걱정하지 않아도 됩니다.

Q2. 성격이 내성적인데 다른 사람들과 어울려 줄넘기를 할 수 있을까요?

스포츠는 상대방과 겨루는 형태가 대부분입니다. 축구, 농구, 야구 등 많은 운동이 상대와 경쟁해 승부를 가려야 해 몸집이 작거나 힘이 부족한 사람은 상대를 이기기가 힘들어 주눅이 들 수밖에 없습니다. 하지만 줄넘기 운동은 상대와 경쟁하기보다 오히려 같은 팀과 호흡하면서 맞춰나가야 합니다. 즉 서로 배려하면서 동료의 실수에는 격려를, 성공에는 칭찬을 해야 좋은 기록을 낼 수 있는 협동 기반의 운동입니다.

보통 줄넘기 운동 하면 개인줄넘기만 떠올리는데, 이는 줄넘기의 일부분에 지나지 않습니다. 줄넘기에는 개인줄넘기 외에도 음악줄넘기, 짝 줄넘기, 긴 줄넘기, 복합 줄넘기, 더블더치 등 종류가 다양하며, 이것들 모두 '파트너십'이 우선시되어야 합니다.

따라서 내성적인 사람에게는 사회성을 키우는 데 줄넘기만큼 적합한 운동도 없습니다. 만약 아이가 내성적이라서 걱정인 부모라면 줄넘기 외에도 승리 성취를 많이 경험할 수 있는 운동들을 권합니다.

Q3. 또래 친구들은 줄넘기를 잘하는데 우리 아이는 잘 못해서 주눅이 들어 있습니다. 어떻게 해야 할까요?

주눅이 들어 있다면 대부분 잘하는 상대와 비교해서 그렇습니다. 어른도 나보다 잘사는 사람, 나보다 똑똑한 사람, 나보다 인자한 사람을 보면 자신이 초라하게 느껴집니다. 아이 역시 노력하지 않거나, 노력해도 잘 안 되는 경우가 지속되면 자존감이 떨어지게 마련입니다.

따라서 가장 중요한 것은 남과 비교하는 마음을 버리는 것입니다. 누구나 신체가 다르듯, 운동기능도 각각 다릅니다. 운동뿐 아니라 다른 부분에서도 잘하는 아이와 비교한다면 더욱 의기소침해질 수 있으니 비교하는 습관을 먼저 버려야 합니다.

또한 사람은 누구나 성장 시기(실력 향상)가 다르다는 점을 이해해야 합니다. 키도 어떤 아이는 저학년 때 많이 크는가 하면, 어떤 아이는 중고등학교 때 쑥 자랍니다. 즉 사람마다 신체적·정신적·심리적 성장 시기가 다르듯, 줄넘기 운동도 마찬가지입니다. 조금 늦다고 계속 늦는 것이 결코 아니니 조급해할 필요가 없습니다.

특히 아이는 저마다 '기능적 성장 발달 시기'가 있습니다. 실력이 일정 수준에 머물러 있다가도 갑자기 상승하는데, 이것을 흔히 '계단참 현상 효과'라고 합니다. 그러니 부모도 다른 아이들보다 못한다고 초조해하기보다 조금 기다린다는 마음으로 아이에게 용기를 심어주고 격려하는 것이 좋습니다.

Q4. 줄넘기 지도자가 되려면 어떤 길을 걸어야 하나요?

줄넘기는 체육 종목입니다. 음악줄넘기 전문 교육관 '점핑클럽'은 한국음악줄넘기협회와 협약을 맺어 주니어 마스터 3급, 2급, 1급 과정을 단계별로 진행하고 있습니다. 이 과정을 마치면 한국음악줄넘기협회 음악줄넘기 지도자로 인정받게 됩니다. 게다가 최근 각 대학교 체육학과에 음악줄넘기 과목이 신설되고 있어 줄넘기 지도자의 길을 걷는 데 필요한 정보와 지식을 많이 얻을 수 있습니다.

향후 음악줄넘기 하나만 잘해도 대학교 입학, 대학원 석박사도 가능하며, 줄넘기로 대학교 강의까지 할 수 있을 것으로 예상됩니다. 실제로 여러 대학교에서 석박사 과정을 마친 줄넘기 전문가를 찾고 있는 상황입니다. 현재 줄넘기와 관련된 전문 인력이 부족하고 인기도 급상승 중이라서 음악줄넘기 지도자는 21세기 새로운 인기 직종이 될 전망입니다.

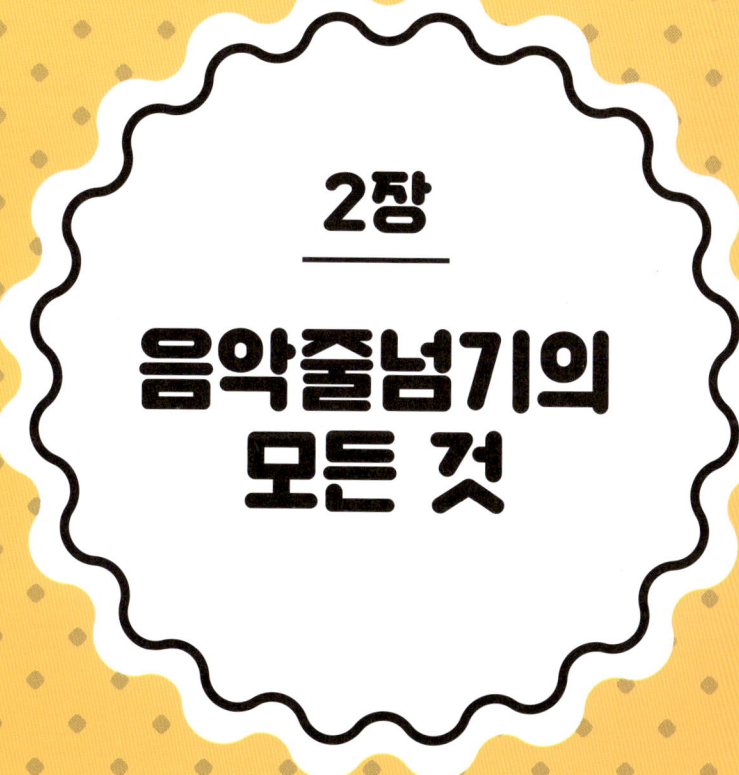

● **음악줄넘기의 장점 및 효과**

줄을 가지고 음악에 맞추어 운동하는 음악줄넘기는 운동 효과는 물론, 창작과 성취의 즐거움도 상당히 크다. 음악줄넘기의 장점과 효과는 다음과 같다.

① 아동기에 작고 연약한 심장을 강하고 튼튼한 스포츠 심장으로 만들 수 있다.
② 청소년기에 신체를 균형 있게 발달시킬 수 있다.
③ 음악과 리듬에 맞춰 스텝을 구사하기에 일반 줄넘기보다 30퍼센트가량 운동량이 증가한다.
④ 기초 체력을 향상시키는 종합 전신운동이자, 세트 넘기를 통해 호흡을 조절하고 산소 공급을 원활히 하며 즐길 수 있는 유산소 운동이다.
⑤ 운동 잠재 능력이 향상되고 신체도 고루 발달해 기초 체력 향상에 도움이 된다. 특히 신체의 지구력과 협응력이 발달해 다이어트에 효과적이며 심폐 기능도 강화된다.
⑥ 밝고 명랑한 성격으로 변하고, 사회성도 기를 수 있다.
⑦ 친구들과 잘 어울리게 되고 공동체 의식과 인내력, 도전의식 등이 생겨 성장 발달에 도움이 된다.
⑧ 어린이 세계에서 자취를 감춘 동요 부르기를 통해 인성을 함양할 수 있다.

● 음악줄넘기 전문 교육기관 '점핑클럽'

01 점핑클럽의 3가지 마음

하나! 줄넘기를 통해 강인한 체력을 바탕으로 서로 '협동'함으로써 하나가 된다.
둘! 줄넘기를 통해 서로 이해하는 마음을 갖고 '화합'함으로써 하나가 된다.
셋! 줄넘기를 통해 나보다 약한 동료를 '배려'함으로써 하나가 된다.

△하나, 줄넘기를 통해 강인한 체력을 바탕으로 서로 '협동'함으로써 하나가 된다.
△둘, 줄넘기를 통해 서로 이해하는 마음을 갖고 '화합'함으로써 하나가 된다.
△셋, 줄넘기를 통해 나보다 약한 동료를 '배려'함으로써 하나가 된다.

우선 '협동'은 사전적 의미로 '서로 마음과 힘을 하나로 합함'이라는 뜻이다. 사람은 혼자서는 살아갈 수 없는 사회적 동물로, 서로 마음과 힘을 하나로 합하면 어려운 일을 쉽게 해결하고 또 사회적으로도 성장할 수 있다.

긍정심리학자인 우문식 교수는 "협동이 서로에게 긍정적 영향을 미쳐 인류 문명을 발전시키고 살기 좋게 만든 것처럼, 개인의 삶에도 똑같이 긍정적 영향을 미친다"고 말했다.

두 번째로 '화합'은 '화목하게 어울림'이라는 뜻으로 가족, 친구, 동료와 마음이나 뜻을 서로 알아주면서 조화롭게 어울리며 살아가는 힘을 말한다. 즉 개인이 혼자 무엇을 성취하는 것도 의미 있지만, 화목하게 어울리는 이타적 관계를 통해 심리적·육체적으로 훨씬 더 많은 것을 성취할 수 있다.

세 번째로 '배려'는 짝처럼 '도와주거나 보살펴주려고 마음을 씀'이라는 의미다. 서로 마음을 알아주고 상처를 주지 않으면서 보살피려는 자세인 배려는 상대의 마음을 따뜻하게 하는 선순환을 만들어 조직 구성원 모두가 행복해지는 초석이 된다.

02 '점핑클럽'의 4대 교육 목표

△채움: 줄넘기를 통해 수련생의 자존감을 높이는 데 목표를 둔다.
△배움: 덕망을 키우고 올바른 지혜를 갖게 하는 데 목표를 둔다.
△키움: 신체 성장과 올바른 마음의 균등 성장에 목표를 둔다.
△나눔: 전인교육을 바탕으로 사회에 필요한 인재 성장에 목표를 둔다.

첫째, 채움은 자존감을 높이는 방법이다. 크고 작은 실행을 통해 성취하고 그것에 대해 칭찬이나 격려를 받으면 자신을 사랑하는 힘인 자존감이 높아진다. 자존감(自尊感)은 '스스로 자기를 소중히 대하며 품위를 지키려는 감정'을 뜻한다. 실제로 많은 관련 연구가 운동을 통해 성취를 맛보면 마음이 포만감으로 채워져 자존감을 키울 수 있다는 결과를 내놓았다.

둘째, 배움은 올바른 지혜를 갖추는 방법이다. 배움이 깊은 사람은 사물, 사건, 상황을 깊이 이해하고 깨달아 덕을 행함으로써 덕망이 높아지고, 자신의 감정적 반응을 통제해 상황을 판단하는 지혜가 생기며, 나아가 세상을 바르게 보는 통찰력이 커진다. 또한 배움은 사람을 지혜롭고 겸손하게 만든다.

셋째, 키움은 신체와 정신, 마음을 균등하게 성장시키는 방법이다. 많은 학자가 건강한 뇌세포를 위해서는 신체를 단련해 건강을 유지하는 것이 중요하다고 강조한다. 한마디로 좋은 바늘은 좋은 실을 만나야 제 역할을 할 수 있는 것이다. 이에 보건복지부는 어린이와 청소년에게는 균형 잡힌 성장과 발달을 위해, 성인에게는 지속적인 건강 유지를 위해 하루 1시간 이상의 신체 활동을 권하고 있다.

넷째, 나눔은 인재를 키우고 전인교육을 강화하는 방법이다. 사회적 지위가 높거나 명예를 가진 사람에게 요구되는 높은 수준의 도덕적 의무 또한 올바른 '나눔'이다. 고대 그리스 사회에서부터 나눔을 아주 중요한 덕목으로 여겨온 이유는 '완전한 인간상'을 실현하는 길이기 때문이다. 현대에도 '노블레스 오블리주'라는 말로 사회 고위층 인사에게 높은 수준의 도덕적 의무를 요구하면서 나눔을 강조하고 있다. 이를 위해서는 올바른 교육을 통해 지적·정서적·신체적·사회적으로 균형 있게 성장하는 것이 중요하며, 이 모든 것은 마음과 행동의 실천인 '나눔'에서 시작된다.

한국음악줄넘기협회 '점핑클럽' 연혁

2003~2010년
한국음악줄넘기연구회, 세계태권줄넘기연구회
한국음악줄넘기 및 태권줄넘기 선수권대회 개최

2008년
홍콩 아시아줄넘기선수권대회 참가

2010년
아시아줄넘기선수권대회 참가
△교육
지도자 줄넘기 자격 연수, 줄넘기 교육관 경영 세미나, 심판지도자
△공연
금연의날, 어린이날, 충주세계무술축제, 울진엑스포
△방송
EBS 〈보니하니〉, Story on 〈친절한 미선씨〉, 아리랑TV 뉴스, KBS 〈스포츠뉴스〉, MBC 〈TV 특종! 놀라운 세상〉, KBS2 〈오천만의 일급비밀〉, SBS 〈세상발견 유레카〉, OBS 〈인생열전, 살맛 나는 세상〉, KBS 〈초록동요제〉

2011년
한국음악줄넘기협회 설립
한국음악줄넘기 및 태권줄넘기 선수권대회
△교육
지도자 줄넘기 자격 연수, 줄넘기 교육관 경영 세미나, 심판지도자
△공연
스포츠과학통합학술대회, 경주세계태권도선수권대회, 충주세계무술축제, 울진엑스포
△방송
tvN 〈코리아 갓 탤런트〉, KBS2 〈출발 드림팀〉, EBS 〈딩동댕 유치원〉

2012년
〈조선일보〉 소개
미국세계줄넘기선수권대회 참가
한국음악줄넘기 및 태권줄넘기 선수권대회
△교육
과천연수원 교육, 지도자 줄넘기 자격 연수, 줄넘기 교육관 경영 세미나, 심판지도자
△공연
서울 송파 어버이날

2014년
산업통상자원위원장 표창
독도사랑 음악줄넘기 플래시몹 2,000명
한국음악줄넘기 및 태권줄넘기 선수권대회
△교육
지도자 줄넘기 자격 연수, 줄넘기 교육관 경영 세미나, 심판지도자, 건강보험공단 강의('줄넘기로 건강하게')
△공연
경기도 꿈나무 기자단 발대식
△방송
KBS 어린이날 특집 〈초록동요제〉

2015년
대한민국 글로벌 교육대상
한국음악줄넘기 및 태권줄넘기 선수권대회
△교육
지도자 줄넘기 자격 연수, 줄넘기 교육관 경영 세미나, 심판지도자

2016년
한국음악줄넘기 및 태권줄넘기 선수권대회(1,000명)
△교육
지도자 줄넘기 자격 연수, 줄넘기 교육관 경영 세미나, 심판지도자

2017년
글로벌 교육브랜드 대상
한국음악줄넘기 및 태권줄넘기 선수권대회(2,000명)
△교육
지도자 줄넘기 자격 연수, 줄넘기 교육관 경영 세미나, 심판지도자, 송파구 줄넘기 건강 강연, 보험심사평가원 ('줄넘기로 건강하게') 강연

2018년
한국음악줄넘기 및 태권줄넘기 선수권대회(2,000명)
점핑클럽 CEO(연구회) 설명회
△교육
지도자 줄넘기 자격 연수, 줄넘기 교육관 경영 세미나, 제주지도자 강연
△공연
어린이날 서울시청, 연천 통일골든벨
△방송
SBS 〈모닝와이드〉, 서울시 홍보 CF, MBC 〈뉴스와이드〉

줄넘기 대회 종목

1. 세계선수권대회 및 아시아선수권대회
① 개인전: 30초 빨리 뛰기, 3분 빨리 뛰기, 개인 프리스타일, 이벤트 3중뛰기
② 단체전: 3인 더블프리(페어), 4인 더블프리(팀)
　　　　　2인 개인프리(페어), 4인 개인프리(팀)
　　　　　3인 더블스피드 릴레이, 4인 더블스피드 릴레이
　　　　　4인 더블언더 스피드 릴레이
　　　　　(주: 국가대표 선발전은 위 내용과 동일)

2. 국내 대회
① 개인전: 30초·1분·2분 프리스타일, 2중(빨리, 오래)뛰기, 왕중왕전, 솔개뛰기, 송골매뛰기, 3중뛰기
② 단체전: 2인 맞서서 뛰기, 2인 번갈아 뛰기, 8자 마라톤, 10·12인 단체 줄넘기, 가위바위보 뛰기

3. 한국음악줄넘기대회
① 개인전: 왕중왕전, 30초, 양발모아 뛰기, 2중뛰기
② 단체전: 맞서서 뛰기, 번갈아 뛰기

4. 세계태권줄넘기대회
① 단체전: 마중줄 뛰어 옆차기, 마중줄 뛰어 앞차기, 마중줄 뛰어 주먹지르기, 더블터치 점프 돌려차기

5. 개인 프리스타일 난이도
① 레벨 1: 기본 2중뛰기를 포함한 모든 기본 동작
② 레벨 2: 기본 3중뛰기를 포함한 도든 2중 또는 1.5동작
③ 레벨 3: 기본 4중뛰기를 포함한 모든 3중 또는 2.5동작
④ 레벨 4: 기본 5중뛰기를 포함한 모든 4중 또는 3.5동작
⑤ 레벨 5: 기본 6중뛰기를 포함한 도든 5중 또는 4.5동작

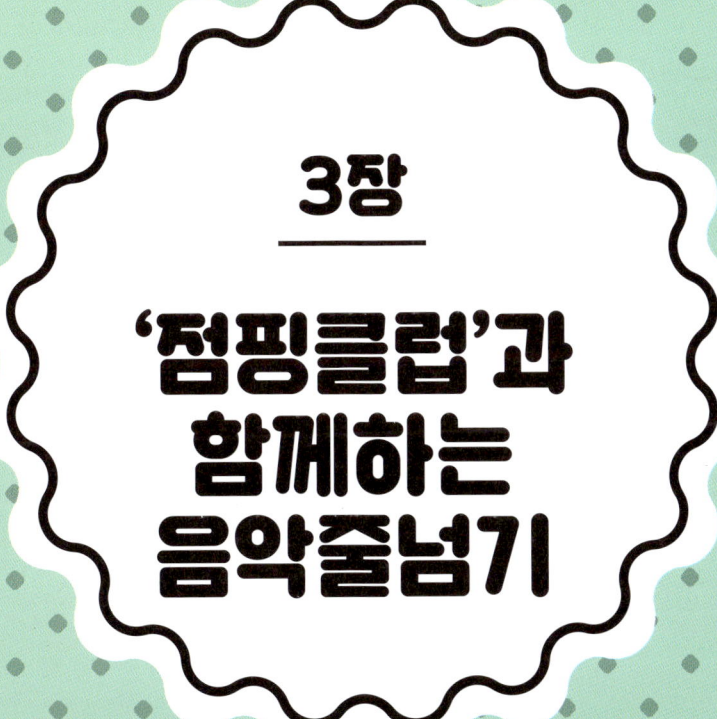

'점핑클럽'의 음악줄넘기 수업은 자격증을 가진 음악줄넘기 지도자가 각 단계에 알맞게 개발된 급수제를 통해 체계적으로 관리하는 것이 가장 큰 장점이다. 남녀노소 누구나 음악과 함께 신나게 운동하면서 스트레스를 해소하고 활기찬 일상을 만들 수 있다. 또한 칼로리 소모량이 많아 다이어트를 원하는 성인과 청소년, 어린이 모두 즐겁고 신나게 몸매나 체력 관리를 할 수 있다.

줄넘기 급수제는 줄넘기 운동의 동기와 흥미를 유발하는 아주 효과적인 지도 방법이다. 배우는 입장에서는 구체적으로 익히고 달성하는 즐거움을 느끼면서 난이도와 능력을 측정할 수 있어 성취감이 크다. 지도자들은 이를 통해 체계적으로 지도하고 관리하는 것이 가능해 배우는 사람들의 만족도를 높일 수 있다.

한국음악줄넘기협회 급수표

1단계: 베이직 과정
2단계: 엘리트 과정
3단계: 슈퍼 과정
4단계: 마스터 과정

1단계: 베이직 과정

Basic Class

7급	6급	5급
개인줄		
1. 8자 돌리기 2. 양발 모아 2도약뛰기 3. 양발 모아 1도약뛰기 4. 앞뒤 모아뛰기 5. 앞 멈춤	1. 8자 아래위 스윙 2. 좌우 벌려 모아뛰기 3. 앞뒤 벌려 모아뛰기 4. 엇걸어 풀어뛰기 5. X자 멈춤	1. 8자 더블스윙 2. 옆 떨쳐 모아뛰기 3. 번갈아 2박자뛰기 4. 가위바위보 뛰기 5. 무릎 들어 X멈춤
짝줄		
맞서뛰기 2도약	맞서뛰기 (3/3/3)	나란히뛰기 (4/2/1)
긴 줄		
배웅·마중 기본뛰기	제자리 뒤로 뛰기	뒤·앞뛰기 (3/3)

4급	3급	2급	1급
개인줄			
1. 8자 되돌리기 2. 번갈아뛰기 3. 엇실내뛰기(OOCC) 4. 뒤로 뛰기 5. 뒤 멈춤	1. 8자 팔 감기 2. 앞 들어 모아뛰기 3. 옆 떨쳐 엇걸어뚱뛰기 4. 뒤 엇걸어 풀어뛰기 5. 뒤 멈춰 무릎 들어 X멈춤	1. 더블 스윙 옆다리 들기 2. 뒤 들어 꼬아뛰기 3. 더블 엇걸어 풀어뛰기 4. 1.5중 모아뛰기 5. 옆 떨쳐 엇걸어 멈춤	1. 되돌려 뛰기(무릎·다리) 2. 앞 흔들어 뛰기 3. 1.5중 엇걸어 풀어뛰기 4. 2중뛰기(양발 모아 3번) 5. 되돌려 앞 멈춤
짝줄			
나란히뛰기- 앞뒤뛰기	사슬뛰기 2도약	사슬뛰기 몰아주기(3/4/3)	사슬뛰기 반회전 (앞/뒤/앞)(3/3/3)
긴 줄			
뒤·앞·뒤뛰기 (기본)	앞으로 뛰기(기본) (3/6/3)	양발 모아-옆 떨쳐 모아-옆 떨쳐 엇걸어-양발 모아뛰기 (3/4/4/3)	2중뛰기 (3/4/3)

2단계: 엘리트 과정

Elite Class

7급	6급	5급
개인줄		
1. 스윙회전뛰기 2. 옆흔들어뛰기 3. 십자뛰기 4. 되돌려 넘어 모아뛰기(EB.O) 5. 점프 팔 감아 멈춤	1. 스윙 방향 전환 뛰기 2. 지그재그뛰기 3. 앞들어 꼬아뛰기 4. 되돌려 넘어 엇걸어뛰기(EB.C) 5. 다리 걸어 X멈춤	1. 8자 되돌려 팔 감기 2. 앞들어 다리 뻗어뛰기 3. 뒤 들어 꼬아뛰기 4. 두꺼비뛰기(토드) 5. 되돌려 X멈춤
짝줄		
사슬뛰기 엇걸어 풀어	사슬뛰기 몰아주기 회전	사슬뛰기 엇걸어 혼자 회전
긴 줄(더블더치)		
이동 방향 전환	나란히 뛰기 옆 떨쳐 모아뛰기 (3/4/3)	나란히 뛰기 손 바꿔 앞·뒤·앞

4급	3급	2급	1급
개인줄			
1. 다리 밑 옆 떨치기 2. 토힐뛰기 3. 옆들어 찍기 4. 개구리뛰기(크루거) 5. 꽃게 엇걸어 멈춤	1. 팔감아 회전뛰기 2. 앞들어 좌우 벌려 모아뛰기 3. 뒤 1.5중 모아뛰기 4. 오금 되돌려 넘기(CL) 5. 다리 밑 어깨 걸어 멈춤	1. 다리 밑 팔 감아 회전뛰기 2. 앞 흔들어 무릎 들어 꼬아뛰기 3. 뒤 1.5중 엇걸어뛰기 4. 오금 엇걸어뛰기(AS) 5. 다리 밑 X멈춤	1. 엇걸어 스윙 회전뛰기 2. 앞·뒤·앞 뛰기 3. 양손 뒤 엇걸어 풀어뛰기(TS) 4. 솔개뛰기 5. X팔 걸어 멈춤
짝줄			
사슬뛰기 엇걸어 자리 이동	차이니즈 기본	차이니즈 혼자 회전	차이니즈 자리 이동 반 바퀴
긴 줄			
나란히 뛰기 한 명 회전	나란히 뛰기 마주 보며 회전	나란히 뛰기 몰아주기 회전	나란히 뛰기 등 마주 보며 회전

3단계: 슈퍼 과정

Super Class

7급	6급	5급
개인줄		
1. 되돌려 사이드 찍기 2. 옆 떨쳐 번갈아 엇걸어뛰기 3. 앞 흔들어 보 주먹뛰기 4. 1.5중 되돌려 넘기 5. 되돌려 팔 감아 무릎 걸어 멈춤	1. 되돌려 프런트 찍기 2. 보 뒤들어 보 주먹뛰기 3. 되돌려 두꺼비뛰기(토드) 4. 송골매뛰기 5. 되돌려 팔 감아 다리 걸어 멈춤	1. 되돌려 흔들어뛰기 2. 뒤 들어 모아 제기차기 3. 바깥 두꺼비뛰기(인벌스 토드) 4. 2.5중 모아뛰기(SOO) 5. 무릎 걸어 X멈춤
짝줄		
차이니즈 자리 이동	차이니즈 엇걸어 풀어	차이니즈 엇걸어 회전
긴 줄(더블더치)		
사슬뛰기(3/4/3)	사슬뛰기 몰아주기(3/4/3)	사슬뛰기 엇걸어 풀어(3/4/3)

4급	3급	2급	1급
개인줄			
1. 뒤 되돌려 사이드 찍기 2. 앞뒤앞 엇걸어뛰기 3. 코끼리뛰기(엘리펀트) 4. 2.5중 옆 떨쳐 모아뛰기(SSO) 5. 백조 멈춤	1. 뒤 되돌려뛰기 2. 좌우 벌려 팔 감아 엇걸어 뛰기 3. 개구리-두꺼비뛰기(크루거-토드) 4. 2.5중 옆 떨쳐 엇걸어 풀어뛰기(SCO) 5. 꼬아서기 멈춤	1. 두꺼비 팔 감기(토드W) 2. 되돌려 팔 감아 앞들어 모아뛰기 3. 두꺼비-개구리뛰기(토드-크루거) 4. 2.5중 옆 떨쳐 모아 엇걸어뛰기(SOC) 5. 신사 멈춤	1. 바깥 두꺼비 팔 감기(인벌스 토드W) 2. 지그재그 힐 3. 두꺼비 되돌려 넘어 모아뛰기(토드-EB-O) 4. 2.5중 옆 떨쳐 엇걸어뛰기(SCC) 5. 두꺼비 백조 멈춤
짝줄			
차이니즈 더블 엇걸어 풀어	차이니즈 몰아주기 회전	차이니즈 자리 이동 회전	차이니즈 슈퍼 연결 동작
긴 줄(더블더치)			
사슬뛰기 한 명 회전(3/3/3)	차이니즈 기본뛰기(4)	차이니즈 엇걸어 풀어(3/4/3)	차이니즈 몰아주기 회전(3/4/3)

4단계: 마스터 과정

Master Class

7급	6급	5급
개인줄		
1. 앞 멈춰 다리 꼬아 회전뛰기 2. 꽃게 엇걸어뛰기(카부스) 3. 십자 오금 엇걸어뛰기(메간) 4. 2중 더블 엇걸어뛰기[(OO) C.C] 5. 되돌려 다리 들어 팔 걸어 멈춤	1. 바깥 두꺼비 팔 감아 되돌리기(인벌스 토드-W) 2. 사선 흔들어 힐뛰기 3. 되돌려 넘어 양손 뒤 엇걸어 풀어뛰기(EB-TS) 4. 2.5중 되돌려 넘기(S.EB.O) 5. 되돌려 다리 들어 X멈춤	1. 되돌려 사방향뛰기 2. 2중 보주먹뛰기 3. 오금 엇걸어뛰고 오금 되돌려 넘기(AS-CL) 4. 2.5중 되돌려 엇걸어 넘기(S.EB.C) 5. 점프다리 X멈춤
짝줄		
차이니즈 엇걸어 자리 이동	차이니즈 되돌려 넘기 회전	차이니즈 두꺼비 회전(토드 회전)
긴 줄(더블더치)		
기본 통과	기본뛰기 OOO CO CO (OO) ×3	다중뛰기 OOO (OO)(CO) (OO)(CC)

4급	3급	2급	1급
개인줄			
1. 두꺼비 팔 감아 개구리뛰기(토드W-크루거) 2. 2중 번갈아뛰기 3. 오금 되돌려 넘어 오금 되돌려 넘기(CL-CL) 4. 팔 감아 넘기 1.5중-2.5중 (WW-WWO) 5. 양손 뒤 엇걸어 백조 멈춤	1. 다리 밑 되돌려 몸 감아 릴리즈 2. 1.5중 되돌려 팔 감아 회전뛰기 3. 팔 감아 엇걸어 1.5중-2.5중 (WW-WWC) 4. 두꺼비 다리 감아 풀어 넘기(토드W-다리W) 5. 다리 꼬아 발목 걸어 멈춤	1. 1.5중 다리 밑 팔 감아 회전뛰기 2. 뒤 2중뛰기 3. 팔 감아 되돌려 넘기 1.5중-2.5중(WW-WWEB) 4. 개구리 다리 감아 풀어 넘기(크루거W-다리W) 5. 바깥 두꺼비 한 팔 걸어 멈춤	1. 1.5중 두꺼비 팔 감아뛰기(1.5중 토드-W) 2. 두꺼비 개구리 두꺼비 모아뛰기(토드-크루거-토드-O) 3. 3중뛰기 4. 2.5중 옆 떨쳐 두꺼비뛰기(S.TJ.O) 5. 되돌려 팔 감아 다리 걸어 릴리즈 멈춤
짝줄			
차이니즈 두꺼비 뛰기(토드)	차이니즈 몰아주기 엇걸어 회전	차이니즈 두꺼비-개구리-두꺼비	차이니즈 마스터 연결 동작
긴 줄(더블더치)			
위아래 돌리기	스위치	뒤돌아 엇걸어	좌우 돌리기

점핑클럽 음악줄넘기 영상 및 그림 따라 하기

이 책의 영상 및 그림 설명은 모두 '거울모드'로 되어 있다. 따라서 거울에 비친 자신의 모습을 보는 것처럼 그림과 같은 방향으로 동작을 따라 하면 된다.

● 부상 예방을 위한 줄넘기 전후 운동

01 발과 척추 힘 기르기 운동
등을 펴고 뒤꿈치 들어 올리기

효과
① 뒤쪽 아킬레스건, 가자미근, 비복근이 발달한다.
② 허리 척추 기립근이 발달한다.
③ 줄넘기를 할 때 상체와 종아리 아래 근육의 균형이 잡혀 근육 움직임이 향상된다.

주의사항
등을 곧게 편 채 무릎을 절대 굽히지 말고, 허리와 뒷다리가 당기는 느낌이 들어야 한다.

방법
① 두 팔을 앞으로 쭉 뻗은 채 엎드려뻗친다.
② 엉덩이를 최대한 산 모양으로 만들어 위로 들어 올리고 뒤꿈치를 최대한 올린 상태에서 하나, 둘, 셋을 센 후 내렸다가 다시 올리는 동작을 15회 반복한다.

뒤꿈치 붙이기

뒤꿈치 올리기

02 허리 통증 없애는 기립근 운동

엎드려 슈퍼맨 자세 취하기

효과
① 척추 기립근이 강화되고 등 근육이 자극된다.
② 다리 뒤쪽 대퇴 근육들도 복합적으로 자극을 받는다.

방법
① 양쪽 팔과 다리를 서로 교차해 한 번씩 쫙 펴면서 번갈아 들어 올린다.
② 양쪽을 번갈아가며 한 번씩 반복하고, 근육 힘에 따라 횟수를 조금씩 늘려간다.

주의사항
엉덩이에 힘을 꽉 주어 골반이 너무 움직이지 않아야 하고, 머리를 35도가량 든 상태를 유지한다.

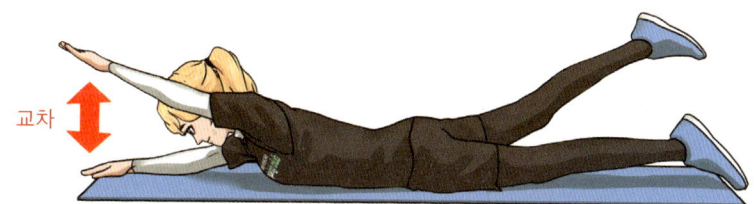

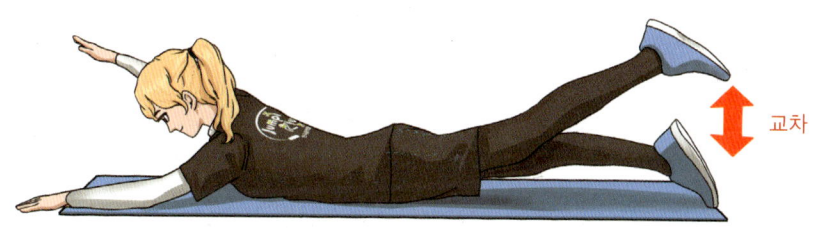

03 뱃살 줄이기 운동

누워서 무릎 끌어당기기

효과
줄넘기의 직하방 운동으로 긴장된 연골과 허리 근육이 이완되고, 복부 근육이 수축된다.

주의사항
반동을 주지 않고 팔, 다리, 복부 힘만으로 끌어당기듯 일어나야 한다.

방법
① 매트에 누운 채 팔을 머리 위로 뻗고 무릎을 90도로 꺾어 세운다.
② 양손을 정강이 위로 깍지를 낀 채 끌어당겨 복부를 허벅지에 최대한 닿게 한다.
③ 끌어당길 때 숨을 내뱉는다(날숨).
④ 5초를 센 다음 다시 매트에 등을 붙인다.

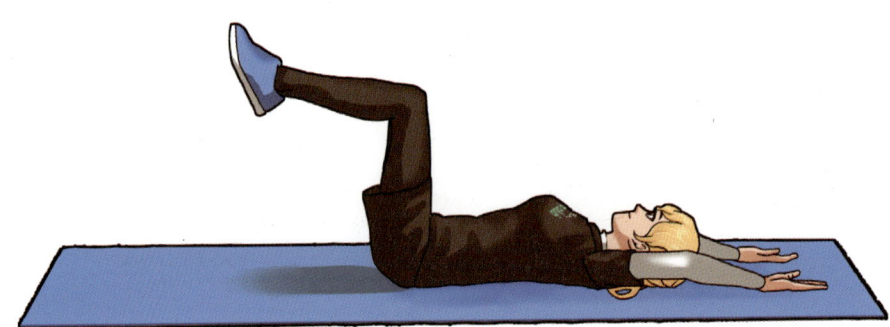

04 고관절 스트레칭 운동

허벅지 앞뒤 근육과 엉덩이 끌어올리기

효과

허벅지 앞뒤 근육(대퇴근)과 엉덩이(중둔근, 대둔근) 근육이 올라간다.

주의사항

허리를 지나치게 올리면 허리에 무리가 갈 수 있으니 조심한다.

방법

① 매트에 바로 누운 후 발바닥만 바닥에 붙이고 양발을 골반 너비로 벌린 채 무릎을 세운다.
② 손바닥을 바닥에 붙인다.
③ 손바닥으로 바닥을 밀듯이 하면서 엉덩이를 힘을 주어 들어 올린다.
④ 엉덩이를 든 상태로 10~15초간 유지하다 등부터 천천히 내린다.

05 엉덩이와 허리 라인을 위한 운동

다리를 뒤로 올리기

효과
골반과 둔부 근육이 강화돼 허리 및 엉덩이 라인이 예뻐진다.

주의사항
골반이 밑이나 옆으로 너무 밀리지 않게 한다.

방법
① 무릎을 대고 엎드린 자세를 취하는데 양 무릎은 골반너비, 양손바닥은 어깨너비로 벌린다.
② 왼쪽부터 한쪽 다리씩 뒤로 90도가량 올려 5~10초간 유지하고 내린다.
③ 많이 올라가지 않는 쪽이 근육이 약한 것이니 좀 더 운동한다.

06 허리 통증을 없애고 다리도 예뻐지는 운동

한쪽 다리만 뻗고 가슴 바닥 닿기

효과
무릎 관절과 종아리 근육이 이완돼 다리 라인이 예뻐지고, 틀어진 골반을 바로잡아 허리 통증도 사라진다.

주의사항
팔을 앞으로 쭉 뻗어야 하며, 등은 쫙 펴고, 무릎은 구부러지지 않게 한다.

방법
① 한쪽 다리는 옆으로 곧게 펴고, 반대쪽 다리는 몸 쪽으로 접는다(왼쪽, 오른쪽 반복).
② 팔을 쭉 펴면서 상체를 앞으로 숙여 가슴이 최대한 바닥에 닿게 한다. 이때 호흡은 날숨으로 한다.
③ 10~15초간 유지하는 동작을 여러 회 반복한다.

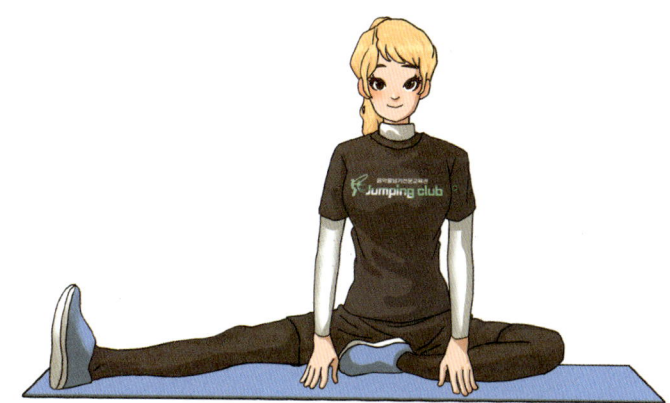

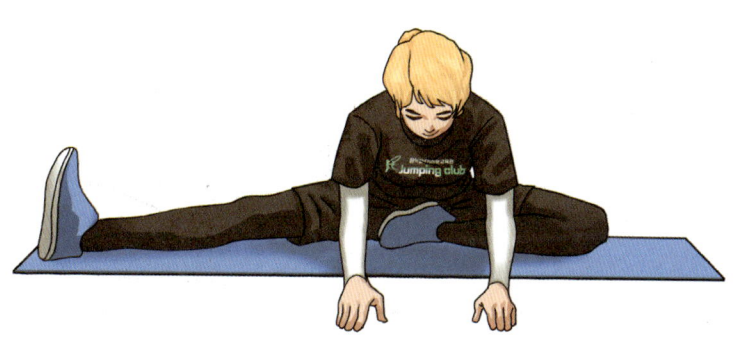

07 고관절 근육 강화 운동

옆으로 누워 다리 들기

효과
양쪽 외복사근이 강화되고, 고관절 근육의 탄력이 높아진다.

주의사항
안쪽 허벅지 근육을 세게 조일수록 좋으며, 어깨와 엉덩이, 발끝이 일직선이 되게 한다.

방법
① 한쪽 팔을 베고 옆으로 누운 다음 다른 쪽 팔꿈치를 90도로 해 손바닥으로 바닥을 짚는다.
② 위쪽 다리를 상체와 하체가 대각선이 되도록 들어 올린 후 10초간 유지했다가 천천히 내린다.
③ 15회 반복한다.

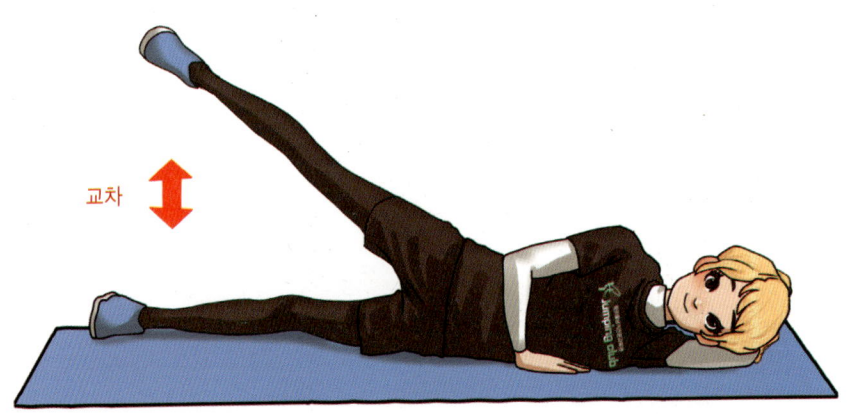

교차

08 상하체 근육 키우기 운동

하체 힘을 키우는 스쾃

효과
허리부터 엉덩이, 대퇴부까지 강화할 수 있는 전신운동이다.

방법
① 어깨너비로 다리를 벌려 기마 자세를 유지하고 두 팔은 몸과 직각이 되도록 가슴 높이에서 접는다.
② 상체는 꼿꼿이 펴고 무릎을 90도가량 굽힌다.
③ 무릎은 발끝보다 나오지 않게 하고 엉덩이는 뒤로 쭉 뺀다.
④ 10~15초씩 10회 이상 반복한다.

주의사항
체중을 발뒤꿈치에 실은 채 엉덩이와 다리 힘으로 버티다가 일어나야 한다.

09 고관절 강화 운동

누워서 다리 당기기

효과
잘못된 줄넘기 동작으로 좌골 신경통이 생기면 허리에서도 통증이 느껴지는데, 이때 고관절 강화 운동을 하면 도움이 된다.

주의사항
엉덩이를 바닥에 딱 붙이고, 다리를 당길 때는 날숨을 쉰다.

방법
① 바로 누운 자세로 한쪽 다리를 굽혀 바닥에 디딘 다음 반대쪽 다리를 무릎에 올린다.
② 바닥에 딛고 있는 다리 안쪽을 감싸 안듯이 가슴 쪽으로 당기면서 숨을 내쉰다.
③ 10~15초씩 10회 이상 반복한다.

당김

10 허벅지 내측근 이완 운동

다리 벌리고 상체 숙이기

효과
허벅지 안쪽 근육과 골반, 허리의 유연성이 좋아져 하체 부상을 예방할 수 있다.

주의사항
가슴을 앞으로 숙일 때 허리와 무릎이 구부러지지 않게 한다.

방법
① 양다리를 근육이 당긴다는 느낌이 들 정도로 최대한 넓게 벌리는데, 이때 발끝은 몸 쪽으로 향한다.
② 두 팔을 앞으로 쭉 뻗은 다음 가슴이 바닥에 닿는다는 느낌으로 숨을 내쉬면서 천천히 앞으로 숙인다.
③ 10~15초씩 10회 이상 반복한다.

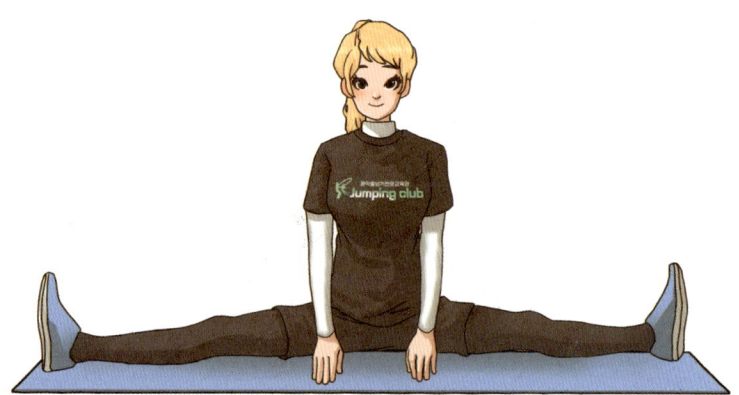

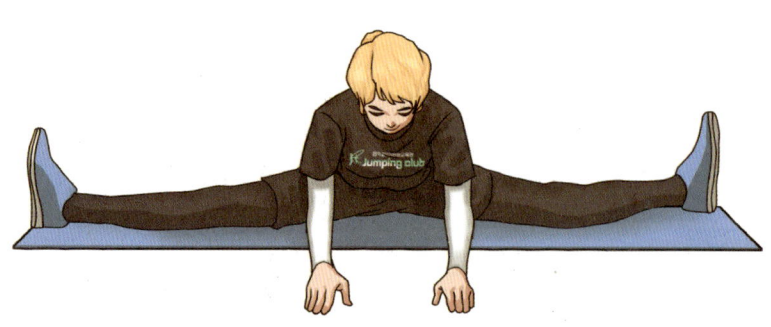

11 엉덩이 끌어올리기 운동

발뒤꿈치 맞대고 다리 들어 올리기

효과
허리, 엉덩이, 대퇴근육의 탄력이 좋아지고 하체 힘이 세진다.

주의사항
골반을 올린다는 느낌으로 발뒤꿈치가 몸 쪽으로 기울어지지 않게 하면서 하늘 방향으로 똑바로 들어 올린다.

방법
① 엎드린 상태에서 양쪽 발뒤꿈치를 직각으로 구부려 붙인다.
② 손바닥을 이마 아래에 대고 무릎이 바닥에서 떨어지도록 발뒤꿈치를 최대한 위로 올린다.
③ 10~15초씩 20회 이상 반복한다.

무릎들기

12 허벅지 근력과 유연성 강화 운동
옆으로 누워 발뒤꿈치 잡기

효과
허벅지 근육이 늘어나면서 뭉친 근육이 풀리기 때문에 무릎 통증 예방은 물론, 유연성을 높이는 데 좋다.

주의사항
엉덩이를 뒤로 빼지 말아야 하고, 허리도 뒤로 꺾어서는 안 된다.

방법
① 오른쪽 옆으로 누워 팔베개를 하고 왼발을 허벅지가 당기도록 엉덩이 쪽으로 잡아당긴다.
② 활시위가 휘는 것처럼 자세를 취하고 골반은 되도록 처음 자세를 유지한다.
③ 양다리를 번갈아가며 10초~15초씩 10회 이상 반복한다.

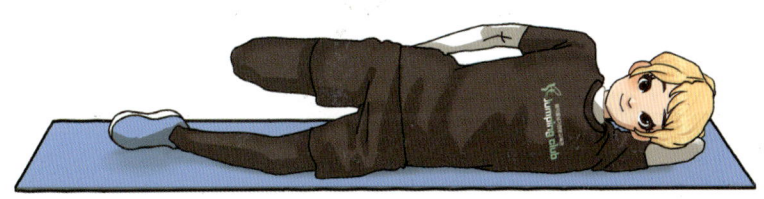

13 종아리와 대퇴근 부상 방지 운동
한쪽 다리 잡고 앉아 상체 숙이기

효과
종아리 근육과 대퇴근을 늘림으로써 뭉친 근육이 풀어지고 통증 예방은 물론, 유연성도 높아진다.

주의사항
상체를 숙일 때 가슴과 무릎이 구부러지지 않도록 주의한다.

방법
① 한쪽 다리는 접고 반대쪽 다리는 쭉 뻗은 상태에서 상체를 곧게 하고 가슴을 편다.
② 가슴이 닿는다는 느낌으로 상체를 다리 쪽으로 천천히 숙인다.
③ 숙일 때 발끝을 몸 쪽으로 당긴다.
④ 10~15초씩 10회 이상 반복한다.

● 줄넘기 시작 전 실력에 맞는 줄 조절

줄넘기를 할 때 적절한 줄 길이는 운동하는 사람의 신체(키)와 운동 수행 능력에 따라 초급, 중급, 상급 세 가지로 나뉜다.

01 초급

초급자는 줄을 한쪽 발로 밟았을 때 가슴 위(겨드랑이)까지 오는 것이 적당하다. 줄넘기 초급자는 줄을 돌리는 팔의 회전 범위가 넓기 때문에 발에 걸리지 않으려면 대체로 줄 길이가 길어야 한다.

02 중급

중급자는 줄을 한 발로 밟았을 때 늑골(갈비뼈) 높이까지 오는 것이 적당하다. 줄넘기를 돌리는 팔의 회전 범위가 초급자보다는 좁지만 여전히 넓은 편이라서 이 정도 길이를 유지해야 발에 걸리지 않는다.

03 상급

상급자는 줄을 한 발로 밟았을 때 허리(배꼽) 높이까지 오는 것이 적당하다. 줄넘기를 돌리는 팔의 회전 범위가 좁고 빨리 돌려야 하기에 이 길이가 가장 적합하고 편하다. 이처럼 줄 길이는 줄을 돌리는 팔의 회전 범위에 비례하므로 이것을 감안해 조절한다고 생각하면 어렵지 않다.

● 줄넘기 스트레칭 및 근력 운동

본격적으로 줄넘기를 하기 전 팔목과 발목, 가슴, 허리, 허벅지, 종아리 부위 스트레칭은 필수다. 근력 강화는 물론, 근육이 경직되는 것을 방지해 부상 위험이 줄어들기 때문이다. 그만큼 신나고 유연하게 줄넘기를 즐길 수 있다. 차근차근 따라 하다 보면 어느새 쉽게 실행할 수 있을 것이다.

01 팔목·발목 스트레칭

방법
① 줄넘기를 양손으로 잡고 어깨너비만큼 벌린다.
② 손목을 안쪽으로 5번, 바깥쪽으로 5번 돌린다.
③ 발목을 안쪽으로 5번, 바깥쪽으로 5번 돌린다.

주의사항
팔목과 발목의 가동 범위를 최대한 넓게 하되, 무리하게 갑자기 꺾어서는 안 된다.

02 허리 운동

방법
① 다리는 어깨너비만큼 벌린다.
② 줄넘기를 뒤로 넓게 잡고 양팔을 쭉 뻗는다.
③ 허리를 오른쪽, 왼쪽으로 반복해서 비튼다.

주의사항
팔을 구부려서는 안 되며, 머리도 허리와 함께 최대한 넓게 돌리되 무리하게 갑자기 꺾어서는 안 된다.

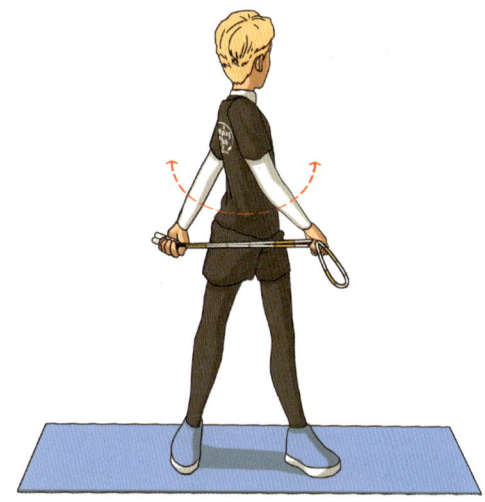

03 온몸 스트레칭

방법
① 줄넘기를 양손으로 잡아 어깨너비만큼 벌린다.
② 왼발, 오른발 번갈아서 줄을 넘는다.
③ 줄을 넘은 후 팔을 쭉 뻗어 등 뒤와 머리 위로 넘긴다.

주의사항
팔을 절대 구부리지 말고 앞에서 뒤로 360도 돌리면서 줄을 넘는 동작을 반복한다.

발로 줄 넘기

04 상하체 운동

방법
① 줄넘기를 양손으로 잡고 어깨너비만큼 벌린다.
② 다리를 쭉 펴고 허리를 앞으로 숙인다.
③ 팔을 만세 하듯이 위로 쭉 뻗는다.
④ 팔을 쭉 편 상태에서 허리를 뒤로 젖힌다.

주의사항
팔과 다리는 절대 구부리지 말아야 하며, 앞으로 숙이는 동작과 뒤로 젖히는 동작을 반복한다.

05 옆구리 스트레칭

방법
① 줄넘기를 양손으로 잡고 어깨너비만큼 벌린다.
② 팔을 만세 하듯이 위로 쭉 편다.
③ 왼쪽, 오른쪽으로 번갈아가며 젖힌다.

주의사항
팔과 다리는 절대 구부리지 말아야 하며, 옆으로 젖힐 때 무리하게 꺾지 말고 팔은 쭉 펴야 한다.

06 대퇴(허벅지) 근력 운동

방법
① 줄넘기를 양손으로 잡고 어깨 1.5배 넓이만큼 벌린다.
② 굽히는 발쪽의 팔은 앞으로 뻗고, 쭉 편 다리 쪽 팔은 하늘 위로 뻗는다.
③ 10초씩 왼쪽, 오른쪽을 번갈아가며 10~15회 반복한다.

주의사항
가슴을 쫙 펴야 하고, 무게 중심은 굽히는 다리 쪽 90퍼센트, 편 다리 쪽 10퍼센트로 한다.

힘 주기

힘 주기

07 종아리와 대퇴 뒤 근육 스트레칭

방법

① 앉은 상태로 다리를 일자로 쭉 뻗은 다음 상체를 곧게 펴고 줄넘기를 발바닥에 건다.
② 가슴이 닿는다는 느낌으로 줄을 잡아당기며 상체를 숙인다.
③ 숙일 때 발끝을 몸 쪽으로 당긴다.
④ 여러 번 반복한다.

주의사항

굽힐 때 발바닥을 직각으로 펴고, 가슴과 무릎이 구부러지지 않게 주의한다.

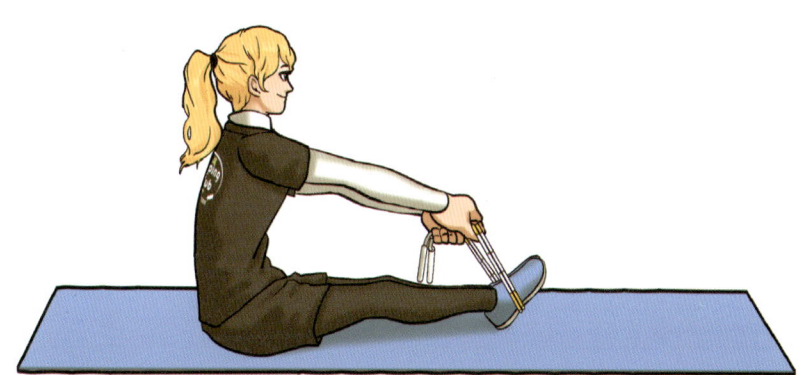

08 종아리와 대퇴 뒤 근육 스트레칭 2

방법
① 앉은 상태로 다리를 양쪽으로 90도 벌린 다음 상체를 곧게 펴고 줄넘기를 발바닥에 건다.
② 가슴이 닿는다는 느낌으로 줄을 잡아당기면서 상체를 숙인다.
③ 숙일 때 발끝을 몸 쪽으로 당긴다.
④ 여러 번 반복한다.

주의사항
가슴이 바닥에 닿는다는 느낌으로 상체를 숙이고, 가슴과 무릎이 구부러지지 않게 주의한다.

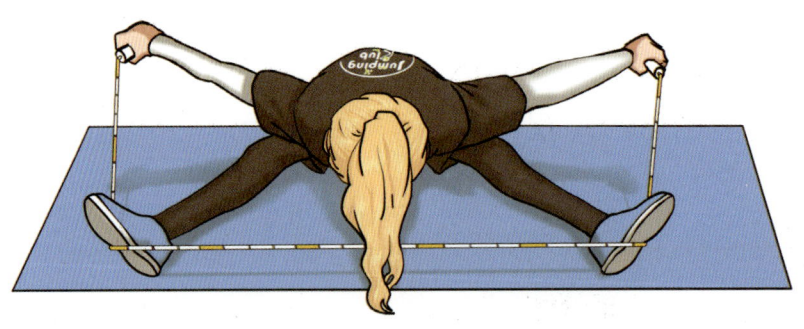

09 좌우측 스트레칭

방법

① 앉은 상태로 다리를 양쪽으로 가능한 만큼 벌린 다음 왼쪽부터 줄넘기를 발바닥에 건다.
② 가슴이 닿는다는 느낌으로 줄을 잡아당기면서 상체를 숙인다.
③ 숙일 때 발끝을 몸 쪽으로 당기며 여러 번 반복한다.
④ 반대쪽도 반복해서 한다.

주의사항

가슴이 다리에 닿는다는 느낌으로 상체를 숙이고, 가슴과 무릎이 구부러지지 않게 주의한다.

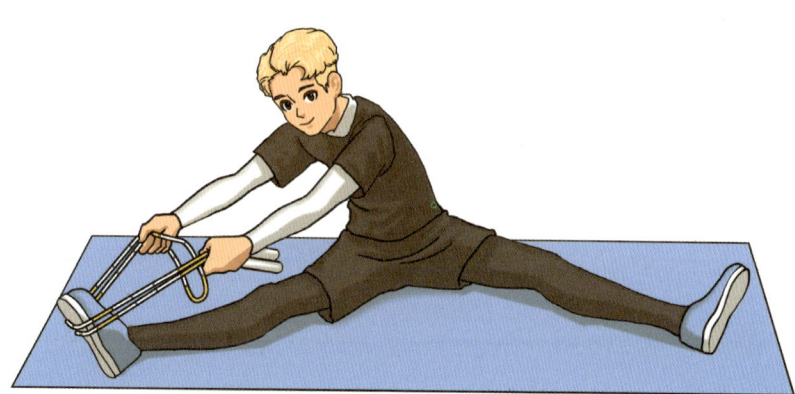

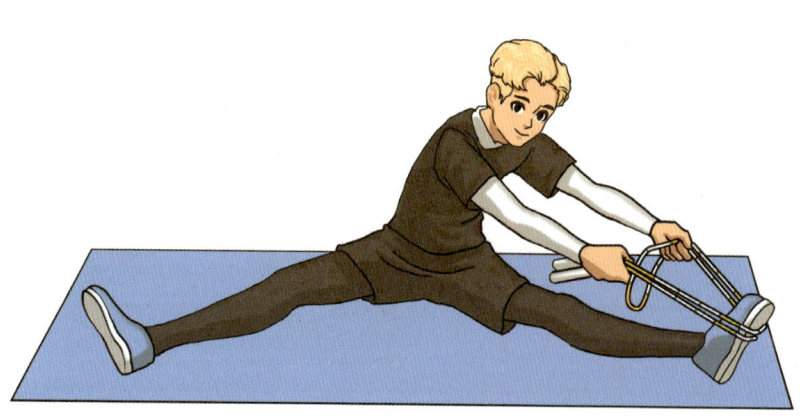

10 온몸 스트레칭

방법
① 줄넘기를 양쪽 발에 끼우고 누운 다음 발바닥이 머리 위쪽에 닿도록 얼굴 위로 발을 넘긴다.
② 발을 다시 바닥으로 내리면서 상체를 들어 올렸다가 숙여 가슴이 다리에 닿게 한다.
③ 10~15회 반복한다.

주의사항
발에 끼운 줄넘기가 떨어지지 않게 하고, 발을 뒤로 넘길 때나 앞으로 굽힐 때 무릎이 구부러지지 않게 주의한다.

11 상체 복부 운동

방법
① 줄넘기를 바닥에 놓고 엎드린 다음 줄을 사이에 두고 양쪽 팔로 바닥을 대각선 모양으로 짚는다.
② 번갈아가며 팔 위치를 바꾼다.
③ 10~15회 반복하고 휴식한다.

주의사항
엎드린 상태에서 배가 바닥에 닿지 않게 하고, 손목이 꺾이거나 어깨에 무리가 가지 않게 한다.

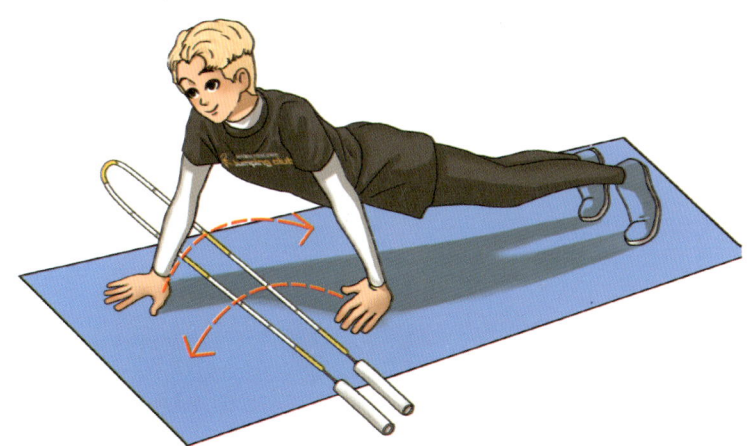

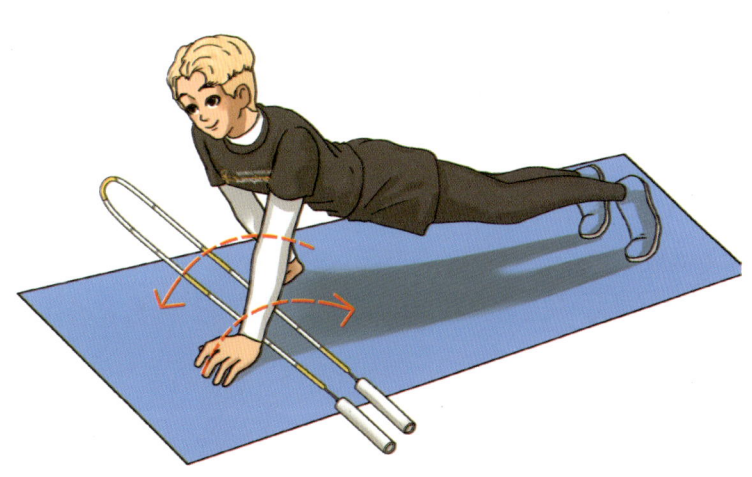

12 줄넘기 제자리멀리뛰기

방법
① 줄넘기를 반으로 접어서 바닥에 놓는다.
② 줄넘기 옆에 서서 줄넘기 길이만큼 넓이뛰기를 한다.
③ 성공하면 손잡이 길이만큼 조금씩 더 넓혀가며 도전 단계를 높인다.

주의사항
무릎과 발목 부상을 방지하려면 처음부터 너무 넓게 뛰려고 무리하지 않아야 한다. 처음에는 짧은 거리로 시작하고, 줄넘기를 밟지 않도록 줄넘기 옆에서 뛴다.

13 근력·순발력을 위한 스피드 뛰기

방법
① 줄넘기를 길게 반으로 접어 바닥에 놓는다.
② 줄넘기 옆에 서서 왼쪽, 오른쪽 뛰기를 한다.
③ 차차 스피드를 높인다.

주의사항
무릎과 발목에 무리가 갈 수 있으니 처음부터 너무 빨리 뛰려고 하지 않는다. 그리고 줄넘기를 밟지 않도록 조심한다.

14 허리 유연성 운동

방법
① 엎드린 상태로 줄넘기 손잡이를 양손에 잡고 양쪽 발등에 줄을 걸친다.
② 팔과 허리 힘으로 줄을 위로 잡아당겨 활시위 모양을 만든다.
③ 1부터 10까지 센 다음 팔과 다리를 바닥으로 내린다.
④ 10~15회 반복한다.

주의사항
줄을 당길 때 무릎이 구부러지지 않게 하고 고개는 앞쪽을 향한다.

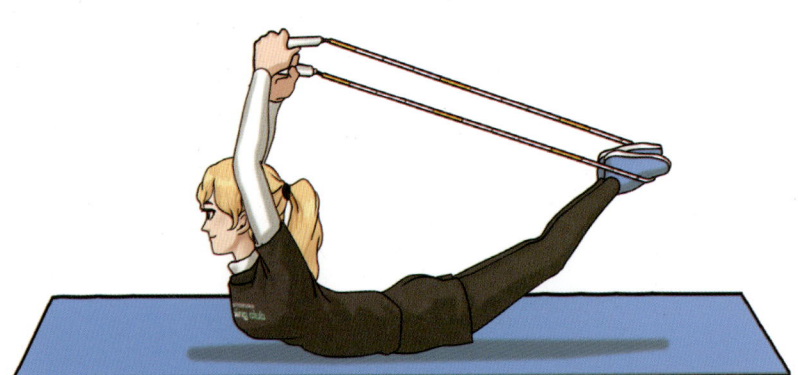

15 허리와 복근 강화 운동

방법

① 누운 상태로 줄넘기를 양손으로 잡은 다음 머리 위로 올려 어깨너비만큼 벌리고 팔과 다리를 쭉 편다.
② 상체를 앞으로 일으키면서 숨을 참는다.
③ 일으킨 상체를 천천히 뒤로 눕힌다.
④ 10~15회 반복한다.

주의사항

팔과 다리를 구부리지 말고, 상황에 따라 다리 반동을 조금 이용한다.

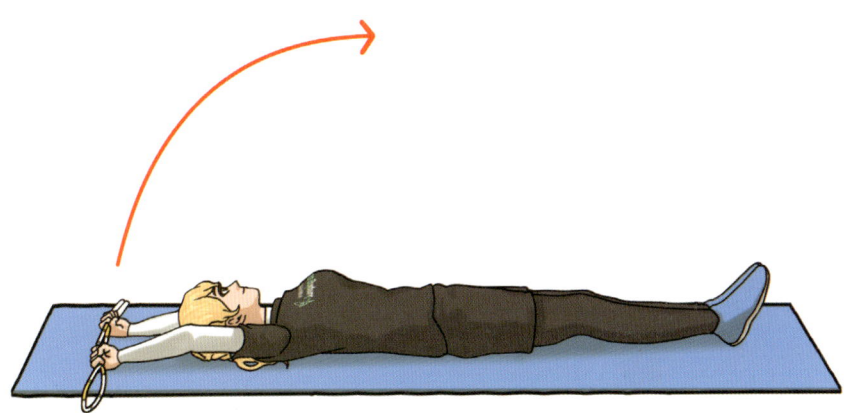

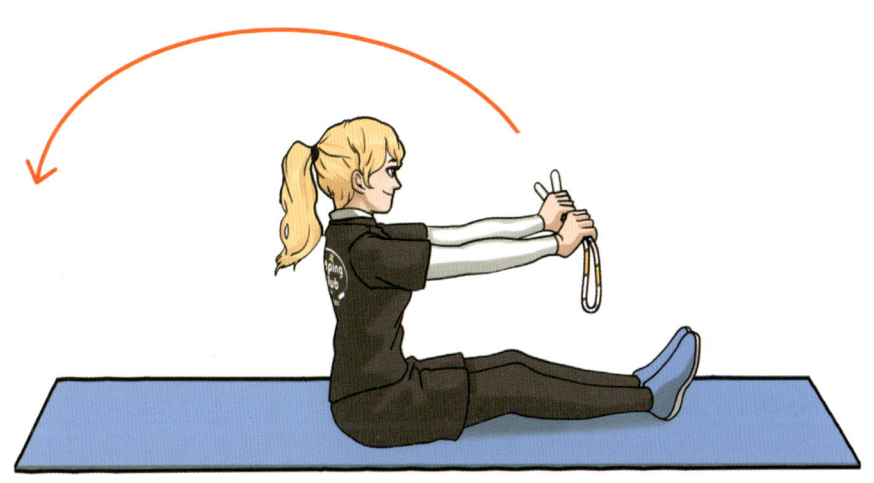

16 대퇴근 강화 및 평형성 운동

방법
① 한쪽 발에 줄을 걸친다.
② 줄넘기를 잡아당겨 다리를 들어 올린다.
③ 올릴 수 있는 데까지 올리고 버틴다.
④ 10~15회 반복하고, 같은 방법으로 다른 쪽 다리도 시행한다.

주의사항
줄을 당길 때 무릎이 구부러지지 않게 하고, 균형을 잘 잡아 넘어지지 않도록 주의한다.

17 다리 유연성 및 평형성 운동

방법

① 한쪽 발바닥에 줄을 걸친다.
② 줄넘기를 잡아당겨 다리를 뒤로 들어 올린다.
③ 올릴 수 있는 데까지 올리고 버틴다.
④ 10~15회 반복하고, 같은 방법으로 다른 쪽 다리도 시행한다.

주의사항

들어 올린 다리의 무릎이 구부러지지 않게 하고, 균형을 잘 잡아 넘어지지 않도록 주의한다.

18 비복근·무릎 근력 강화 운동

방법
① 줄넘기를 반으로 접어서 바닥에 놓는다.
② 줄넘기 앞뒤로 가볍게 점프 뛰기를 한다.
③ 차차 스피드를 높인다.

주의사항
무릎과 발목이 다칠 수 있으니 처음부터 너무 빨리 뛰려고 무리하지 않는다. 그리고 줄넘기를 밟지 않도록 조심한다.

19 허리 및 복근 단련 운동

방법
① 누운 상태로 줄넘기를 다리에 걸어 양손으로 잡은 다음 팔과 다리를 쭉 편다.
② 양손으로 줄을 위로 올리면서 상체와 하체를 함께 일으킨다.
③ 천천히 제자리로 돌아간다.
④ 10~15회 반복한다.

주의사항
팔과 다리를 구부리지 말고, 상황에 따라 다리 반동을 약간 이용한다.

1단계

베이직 과정

● 베이직 개인줄 7급

01 8자 돌리기

❶ 양발을 모아 팔꿈치를 몸에 붙이고 앞을 보는 자세로 준비한다.

❷ 머리 위로 줄을 넘기면서 왼쪽으로 옆 떨치며 돌린다. 바닥에 떨칠 때 양쪽 무릎을 굽혀 리듬감 있게 줄을 돌린다.

❸ 오른쪽으로 옆 떨치며 돌린다. 줄을 8자 모양을 그리면서 양쪽으로 번갈아가며 돌린다. 이때 떨치는 쪽 손이 아래로 가고 손목을 이용해 줄이 엉키지 않게 한다.

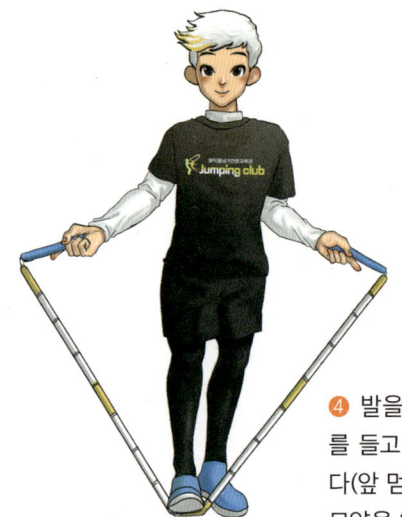

❹ 발을 앞으로 내밀면서 앞꿈치를 들고 줄을 발바닥에 걸어 멈춘다(앞 멈춤). 양팔을 벌리면 줄넘기 모양을 예쁘게 만들 수 있다.

● 베이직 개인줄 7급

02 양발 모아 2도약뛰기

❶ 양발을 모아 팔꿈치를 몸에 붙이고 앞을 보는 자세로 준비한다.

❷ 팔을 몸에 가까이 붙이고 줄을 머리 위로 넘긴다.

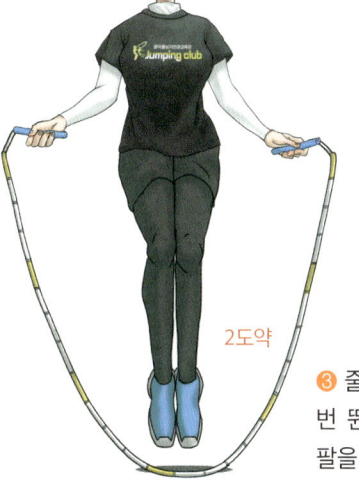

2도약

❸ 줄이 넘어오면 한 번 넘고 한 번 뛴다(2도약). 2도약 박자에 팔을 천천히 크게 돌린다.

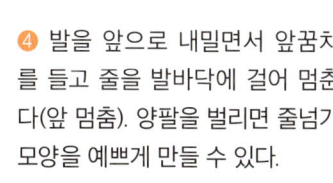

❹ 발을 앞으로 내밀면서 앞꿈치를 들고 줄을 발바닥에 걸어 멈춘다(앞 멈춤). 양팔을 벌리면 줄넘기 모양을 예쁘게 만들 수 있다.

● 베이직 개인줄 7급

03 양발 모아 1도약뛰기

❶ 양발을 모아 팔꿈치를 몸에 붙이고 앞을 보는 자세로 준비한다.

❷ 팔을 몸에 가까이 붙이고 줄을 머리 위로 넘긴다.

❸ 줄을 넘길 때마다 한 번씩 넘는다(1도약). 팔을 많이 벌리지 말고 몸에 가까이 붙여 제자리에서 가볍게 뛴다.

❹ 발을 앞으로 내밀면서 앞꿈치를 들고 줄을 발바닥에 걸어 멈춘다(앞 멈춤). 양팔을 벌리면 줄넘기 모양을 예쁘게 만들 수 있다.

● 베이직 개인줄 7급

04 앞뒤 모아뛰기

❶ 준비 자세에서 줄을 머리 위로 넘긴다.

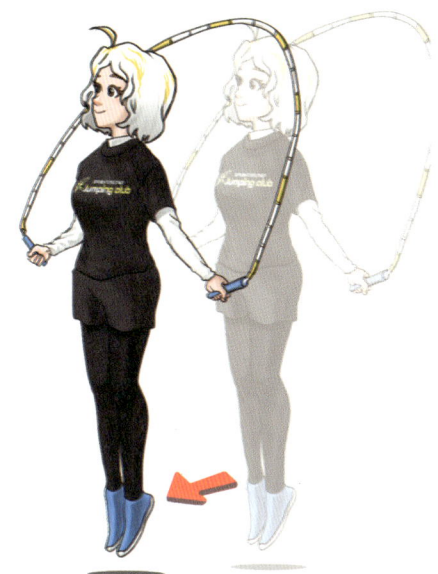

❷ 줄을 넘으면서 양발을 앞으로 이동한다.

❸ ❷번 동작 후 줄을 넘으면서 양발을 뒤로 이동한다. ❷번과 ❸번 동작을 반복해 1도약으로 넘는다.

❹ 발을 앞으로 내밀면서 앞꿈치를 들고 줄을 발바닥에 걸어 멈춘다(앞멈춤). 양팔을 벌리면 줄넘기 모양을 예쁘게 만들 수 있다.

●베이직 개인줄 6급

01 8자 아래위 스윙

❶ 양발을 모아 팔꿈치를 몸에 붙이고 앞을 보는 자세로 준비한다.

❷ 줄을 앞으로 돌리면서 왼쪽으로 두 손을 모아 아래로 옆 떨친 후 오른쪽으로 두 손을 모아 옆 떨친다. 바닥에 떨칠 때 양쪽 무릎을 굽혀 리듬감 있게 줄을 돌린다.

❸ ❷번 동작 후 줄을 앞으로 돌리면서 왼쪽으로 두 손을 모아 위로 옆 떨친 후 오른쪽으로 두 손을 모아 옆 떨친다.

❹ 양손을 앞으로 뻗어 엇건 다음, 위쪽 손을 살짝 당겨 아래쪽 손 밑으로 집어넣고 옆으로 펼친다(X자 멈춤).

● 베이직 개인줄 6급

02 좌우 벌려 모아뛰기

❶ 양발을 모아 팔꿈치를 몸에 붙이고 앞을 보는 자세로 준비한다.

❷ 줄을 넘으면서 양발을 좌우로 벌리되, 어깨너비만큼만 벌린다.

❸ ❷번 동작 후 양발을 모아 줄을 넘는다(1도약).

❹ 양손을 앞으로 뻗어 엇건 다음, 위쪽 손을 살짝 당겨 아래쪽 손 밑으로 집어넣고 옆으로 펼친다(X자 멈춤).

●베이직 개인줄 6급

03 앞뒤 벌려 모아뛰기

❶ 양발을 모아 팔꿈치를 몸에 붙이고 앞을 보는 자세로 준비한다.

❷ 줄을 넘으면서 양발을 앞뒤로 벌린다. 앞뒤로 뛸 때 양발을 번갈아가며 바꾼다.

❸ ❷번 동작 후 양발을 모아 줄을 넘는다(1도약).

❹ 양손을 앞으로 뻗어 엇건 다음, 위쪽 손을 살짝 당겨 아래쪽 손 밑으로 집어넣고 옆으로 펼친다(X자 멈춤).

●베이직 개인줄 6급

04 엇걸어 풀어뛰기

❶ 양발을 모아 팔꿈치를 몸에 붙이고 앞을 보는 자세로 준비한다.

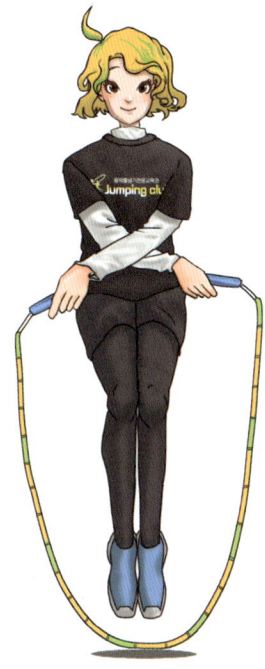

❷ 줄을 앞으로 넘기면서 양손을 엇걸어 줄을 넘는다. 양손을 엇걸 때 손 위치는 배에 두고, 줄을 넘을 때는 무릎을 살짝 굽힌다.

❸ ❷번 동작 후 줄을 머리 위로 넘겨 양손을 풀고 줄을 넘는다.

❹ 양손을 앞으로 뻗어 엇건 다음, 위쪽 손을 살짝 당겨 아래쪽 손 밑으로 집어넣고 옆으로 펼친다(X자 멈춤).

● 베이직 개인줄 5급

01 8자 더블스윙

❶ 양발을 모아 팔꿈치를 몸에 붙이고 앞을 보는 자세로 준비한다.

❷ 왼쪽으로 양손을 모아 두 번 옆 떨치면서 오른다리를 옆으로 내딛는다. 옆 떨치는 쪽 손이 아래로 가게 해서 돌린다.

❸ ❷번 동작 후 오른쪽으로 양손을 모아 두 번 옆 떨치면서 왼다리를 옆으로 내딛는다. 옆 떨치는 쪽 반대 다리를 쭉 뻗어 발끝으로 선다.

❹ ❸번 동작 후 줄을 넘으면서 다리를 모으고 앞 멈춤을 한 다음, 양손을 엇걸어 한 발에 걸고 무릎을 들면서 줄을 한 번 더 걸어 양팔을 옆으로 펼친다(무릎 들어 X멈춤).

● 베이직 개인줄 5급

02 옆 떨쳐 모아뛰기

❶ 양발을 모아 팔꿈치를 몸에 붙이고 앞을 보는 자세로 준비한다.

❷ 왼쪽으로 양손을 모아 옆 떨치며 한 번 뛴다. 옆 떨치는 쪽 손이 아래로 가게 해 돌린다.

❸ ❷번 동작 후 돌아오는 줄을 양손을 벌려 넘는다(1도약).

❹ ❸번 동작 후 줄을 넘으면서 다리를 모으고 앞 멈춤을 한 다음, 양손을 엇걸어 한 발에 걸고 무릎을 들면서 줄을 한 번 더 걸어 양팔을 옆으로 펼친다(무릎 들어 X멈춤).

● 베이직 개인줄 5급

03 번갈아 2박자뛰기

❶ 양발을 모아 팔꿈치를 몸에 붙이고 앞을 보는 자세로 준비한다.

❷ 오른다리를 들어 올려 왼발로 두 번 넘는다. 들고 있는 다리가 뒤로 가지 않도록 주의한다.

❸ ❷번 동작 후 왼다리를 들어 올려 오른발로 두 번 넘는다. 들고 있는 다리가 뒤로 가지 않도록 주의한다.

❹ ❸번 동작 후 줄을 넘으면서 다리를 모으고 앞멈춤을 한 다음, 양손을 엇걸어 한 발에 걸고 무릎을 들면서 줄을 한 번 더 걸어 양팔을 옆으로 펼친다 (무릎 들어 X멈춤).

● 베이직 개인줄 5급

04 가위바위보 뛰기

❶ 줄을 앞으로 넘으면서 다리를 좌우로 벌린다.

❷ ❶번 동작 후 줄을 넘으면서 다리를 모은다.

❸ ❷번 동작 후 줄을 앞으로 넘으면서 다리를 앞뒤로 벌린다.

❹ ❸번 동작 후 줄을 넘으면서 다리를 모으고 앞 멈춤을 한 다음, 양손을 엇걸어 한 발에 걸고 무릎을 들면서 줄을 한 번 더 걸어 양팔을 옆으로 펼친다(무릎 들어 X멈춤).

●베이직 개인줄 4급

01 8자 되돌리기

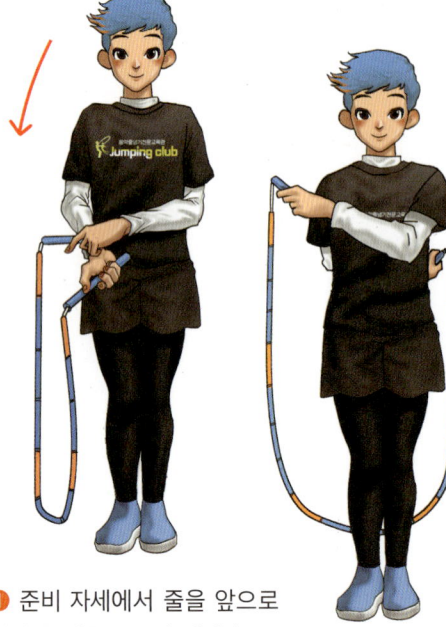

❶ 준비 자세에서 줄을 앞으로 넘긴 후 왼쪽으로 옆 떨친다.

❷ 오른손은 가슴 앞에 놓고, 왼손은 등 뒤에 깊숙이 넣어 줄을 머리 위로 넘긴다.

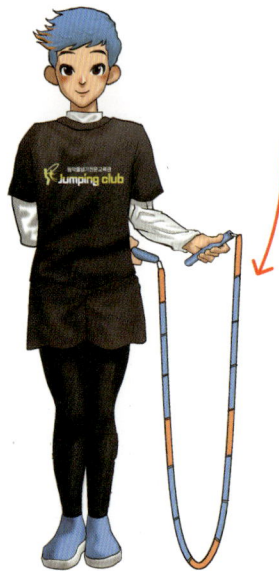

❸ 왼손은 그대로 두고 넘긴 오른손과 같이 반대편으로 옆 떨친다. 이때 팔을 최대한 뻗고 양쪽 손목 높이를 맞춰 줄이 몸에 닿지 않게 한다.

❹ 팔을 풀어 발을 앞으로 내밀면서 앞꿈치를 들고 줄을 걸어 멈춘다 (앞 멈춤).

● 베이직 개인줄 4급

02 번갈아뛰기

❶ 양발을 모아 팔을 몸에 가까이 붙이고 앞을 보며 줄을 머리 위로 넘긴다.

❷ 오른쪽 무릎을 앞으로 들면서 줄을 넘는다(1도약). 뛸 때 발이 뒤로 가지 않게 발을 세운다.

❸ 왼쪽 무릎을 앞으로 들면서 줄을 넘는다(1도약).

❹ 발을 앞으로 내밀면서 앞꿈치를 들고 줄을 걸어 멈춘다(앞 멈춤).

● 베이직 개인줄 4급

03 엇걸어뛰기(OOCC)

❶ 양발을 모아 팔을 몸에 가까이 붙이고 앞을 보는 자세로 준비한다.

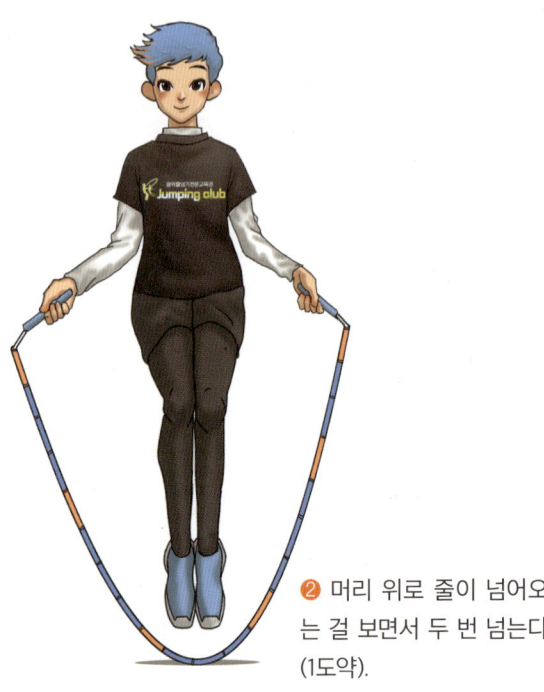

❷ 머리 위로 줄이 넘어오는 걸 보면서 두 번 넘는다(1도약).

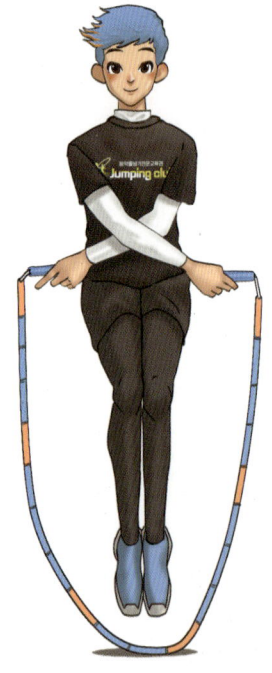

❸ 줄을 머리 위로 넘기면서 팔을 엇걸어 배에 붙인 다음 두 번 넘는다(1도약). 팔을 몸에 가까이 붙이고 최대한 뻗어 양손 높이를 맞춘다.

❹ 팔을 풀어 발을 앞으로 내밀면서 앞꿈치를 들고 줄을 걸어 멈춘다(앞 멈춤).

● 베이직 개인줄 4급

04 뒤로 뛰기

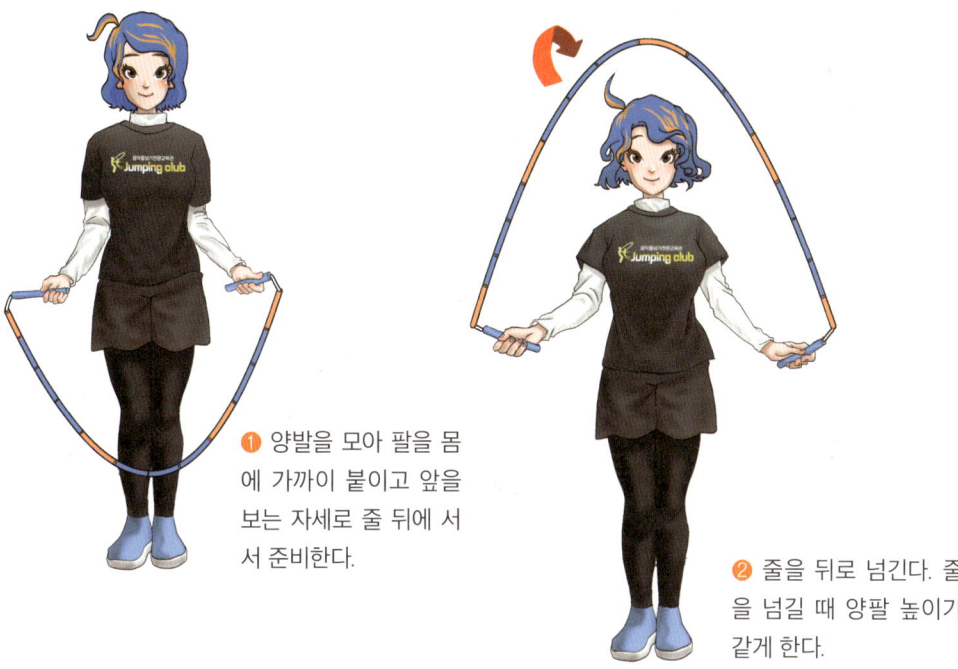

❶ 양발을 모아 팔을 몸에 가까이 붙이고 앞을 보는 자세로 줄 뒤에 서서 준비한다.

❷ 줄을 뒤로 넘긴다. 줄을 넘길 때 양팔 높이가 같게 한다.

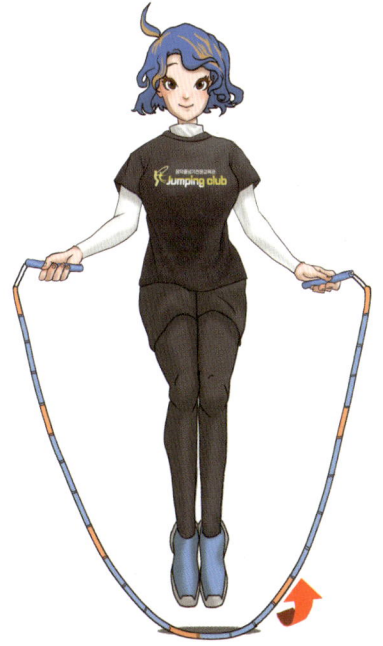

❸ 줄이 뒤로 넘어오는 걸 보면서 줄을 넘는다(1도약). 손이 아래로 갔을 때 뛰어넘는다.

❹ 발을 뒤로 내밀면서 뒤꿈치를 들고 줄을 걸어 멈춘다(뒤 멈춤).

● 베이직 개인줄 3급

01 8자 팔 감기

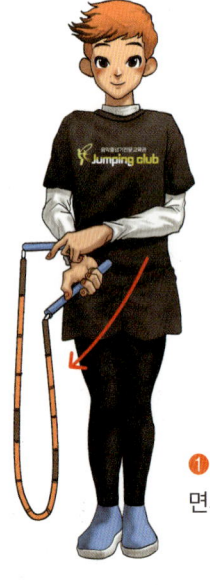

❶ 머리 위로 줄을 넘기면서 왼쪽으로 옆 떨친다.

❷ 왼팔 손목과 팔꿈치 사이에 줄을 한 번 감는다.

❸ ❷번 동작 후 오른쪽으로 옆 떨친다. 줄을 감은 팔이 위로 가게 한다.

❹ 팔에 감긴 줄을 푼다.

●베이직 개인줄 3급

02 앞 들어 모아뛰기

❶ 양발을 모아 팔꿈치를 몸에 붙이고 앞을 보는 자세로 준비한다.

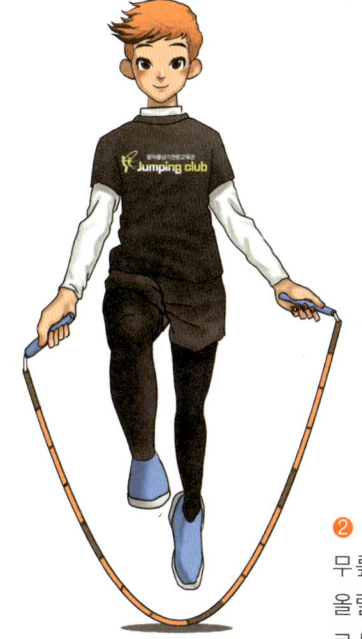

❷ 줄을 넘으면서 왼쪽 무릎을 올린다. 무릎을 올릴 때 발끝을 직각으로 반듯하게 세운다.

❸ 양발을 번갈아 바꿔 뛴다.

❹ 발을 앞으로 내밀면서 앞꿈치를 들고 줄을 발바닥에 걸어 멈춘다(앞 멈춤). 양팔을 벌리면 줄넘기 모양을 예쁘게 만들 수 있다.

● 베이직 개인줄 3급

03 옆 떨쳐 엇걸어뛰기

❶ 양발을 모아 팔꿈치를 몸에 붙이고 앞을 보는 자세로 준비한다.

❷ 머리 위로 줄을 넘기면서 왼쪽으로 옆 떨치며 돌린다.

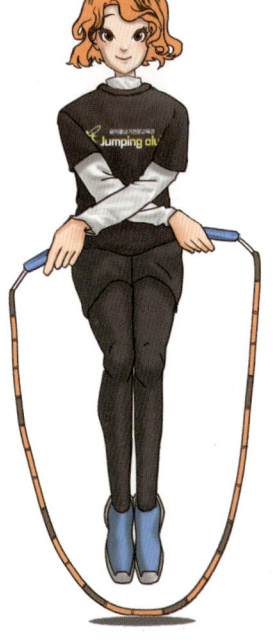

❸ 줄을 앞으로 넘기면서 양손을 엇걸어 넘는다. 양손을 엇걸 때 손 위치는 배에 두고 무릎을 살짝 굽혀 넘는다.

❹ 발을 앞으로 내밀면서 앞꿈치를 들고 줄을 발바닥에 걸어 멈춘다(앞 멈춤). 양팔을 벌리면 줄넘기 모양을 예쁘게 만들 수 있다.

● 베이직 개인줄 3급

04 뒤 엇걸어 풀어뛰기

❶ 준비 자세에서 줄을 뒤로 넘긴다. 줄을 넘길 때 양팔 높이가 같게 한다.

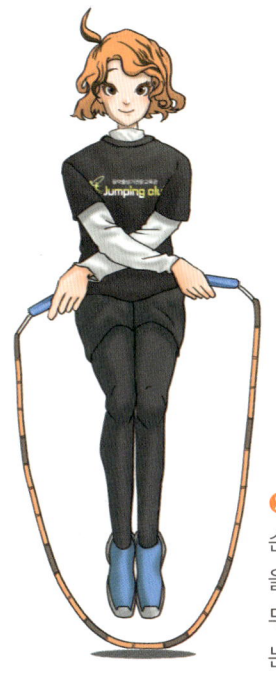

❷ 줄을 뒤로 넘기면서 양손을 엇걸어 넘는다. 양손을 엇걸 때 손 위치는 배에 두고 무릎을 살짝 굽혀 넘는다.

❸ ❷번 동작 후 줄을 머리 위로 넘기면서 양손을 풀어 줄을 넘는다. 양손을 풀 때 손을 밑으로 해서 푼다.

❹ 뒤 멈춤 후 양손을 엇걸어 한 발에 걸고 무릎을 들면서 줄을 걸어 양팔을 옆으로 벌린다(뒤 멈춰 무릎 들어 X멈춤).

●베이직 개인줄 2급

01 더블 스윙 옆다리들기

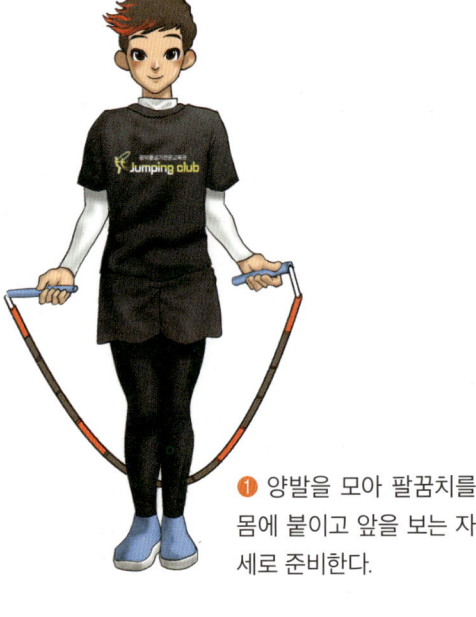

❶ 양발을 모아 팔꿈치를 몸에 붙이고 앞을 보는 자세로 준비한다.

❷ 오른다리를 옆으로 허리까지 들고, 왼쪽으로 줄을 두 번 돌린다.

❸ 왼다리를 옆으로 허리까지 들고, 오른쪽으로 줄을 두 번 돌린다.

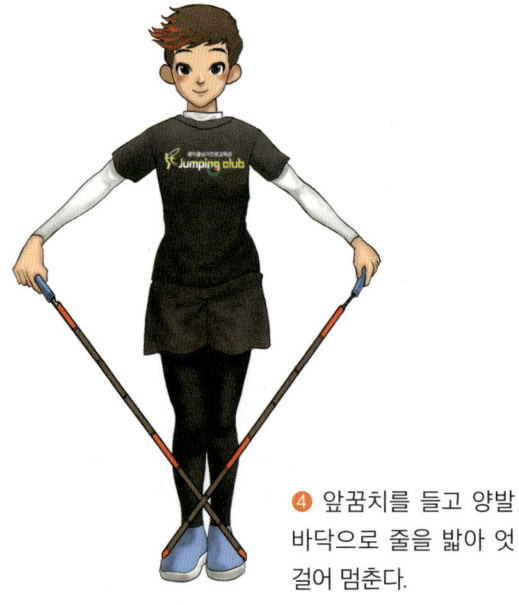

❹ 앞꿈치를 들고 양발 바닥으로 줄을 밟아 엇걸어 멈춘다.

●베이직 개인줄 2급

02 뒤 들어 모아뛰기

❶ 양발을 모아 팔을 몸에 가까이 붙이고 앞을 보는 자세로 준비한다.

❷ 왼다리를 뒤로 접은 후 줄을 돌려 넘는다. 발을 너무 많이 올리지 말고 가볍게 접는다.

❸ 양발을 모아 줄을 넘는다. 양발을 번갈아 바꿔 뛴다.

❹ 왼쪽으로 줄을 옆 떨치고 양손을 엇건 후 두 발에 걸어 멈춘다(옆 떨쳐 엇걸어 멈춤).

●베이직 개인줄 2급

03 더블 엇걸어 풀어뛰기

❶ 양발을 모아 팔을 몸에 가까이 붙이고 앞을 보는 자세로 준비한다.

위로

❷ 줄을 앞으로 넘기면서 양손을 엇걸어 넘는다. 양손을 엇걸 때 손 위치는 배에 두고 무릎을 살짝 굽혀 넘는다.

밑으로

❸ ❷번 동작 후 양손 위치를 바꿔 엇건 후 줄을 넘는다. 손목을 이용해 원을 그리면서 빠르게 바꾼다.

❹ 왼쪽으로 줄을 옆 떨치고 양손을 엇건 후 두 발에 걸어 멈춘다(옆 떨쳐 엇걸어 멈춤).

● 베이직 개인줄 2급

04 1.5중 모아뛰기

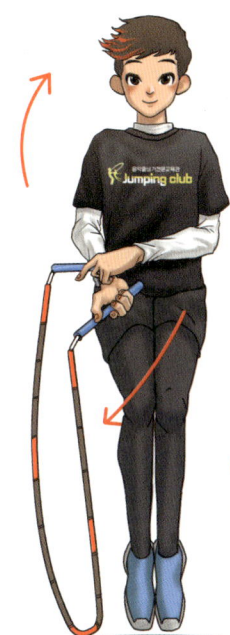

❶ 양발을 모아 팔을 몸에 가까이 붙이고 앞을 보는 자세로 준비한다.

❷ 왼쪽으로 줄을 옆 떨치면서 같이 뛴다. 줄을 치는 동시에 뛰고, 바로 양손을 펼쳐서 모아뛰기 준비를 한다.

❸ ❷번 동작을 하는 동시에 빠르게 모아뛴다.

❹ 왼쪽으로 줄을 옆 떨치고 양손을 엇건 후 두 발에 걸어 멈춘다(옆 떨쳐 엇걸어 멈춤).

● 베이직 개인줄 1급

01 되돌려 뛰기(무릎·다리)

❶ 줄을 앞으로 넘겨 왼쪽으로 옆 떨친 다음 오른손은 가슴 앞에 놓고, 왼손은 등 뒤로 깊숙이 넣어 줄을 머리 위로 넘긴다.

❷ ❶번 동작 후 줄을 풀면서 손이 펼쳐졌을 때 왼쪽 무릎을 올려 뛴다. 반대쪽도 똑같이 한다.

❸ 줄을 앞으로 넘겨 왼쪽으로 옆 떨친 다음 오른손은 가슴 앞에 놓고, 왼손은 등 뒤로 깊숙이 넣어 줄을 머리 위로 넘긴다.

❹ ❸번 동작 후 줄을 풀면서 손이 펼쳐졌을 때 왼다리를 뻗어 올려 뛴다.

●베이직 개인줄 1급

02 앞 흔들어 뛰기

❶ 양발을 모아 팔꿈치를 몸에 붙이고 앞을 보는 자세로 준비한다.

❷ 왼다리를 뒤로 접은 후 줄을 돌려 넘는다. 발을 너무 많이 올리지 말고 가볍게 접는다.

❸ ❷번 동작 후 발을 앞으로 뻗어 줄을 넘는다. 반대 발도 똑같이 번갈아 한다.

❹ 왼쪽으로 옆 떨쳐 오른손은 가슴 앞에 놓고, 왼손은 등 뒤로 깊숙이 넣어 줄을 머리 위로 넘긴 후 두 발에 걸어 멈춘다(되돌려 앞 멈춤).

● 베이직 개인줄 1급

03 1.5중 엇걸어 풀어뛰기

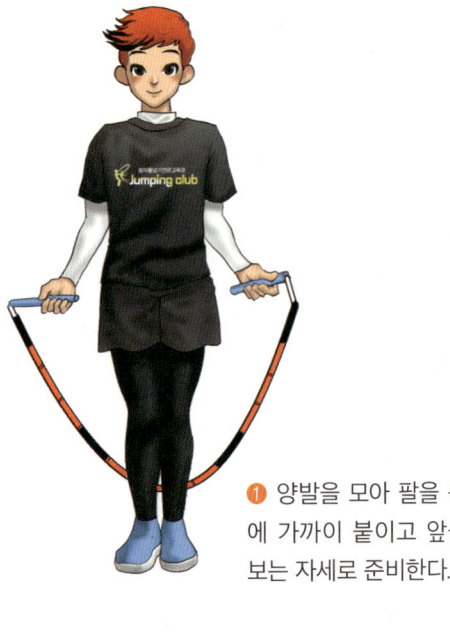

❶ 양발을 모아 팔을 몸에 가까이 붙이고 앞을 보는 자세로 준비한다.

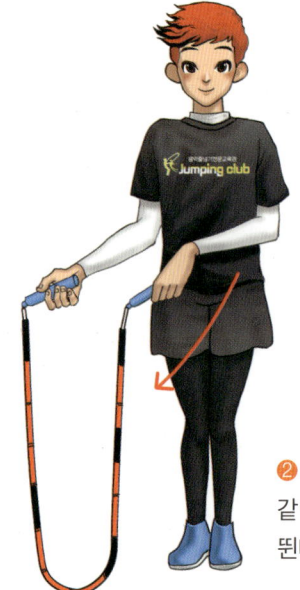

❷ 왼쪽으로 줄을 옆 떨치며 같이 뛴다. 줄을 치는 동시에 뛴다.

❸ ❷번 동작을 하는 동시에 빠르게 엇걸어 뛴다. 엇걸 때 팔을 몸에 가까이 붙이고 최대한 뻗으면서 양손 높이가 맞게 한다.

❹ ❸번 동작 후 팔을 풀어 줄을 넘는다.

●베이직 개인줄 1급

04 2중뛰기 (양발 모아 3번)

❶ 양발을 모아 팔을 몸에 가까이 붙이고 앞을 보는 자세로 준비한다.

❷ 양발을 모아 줄을 세 번 넘는다(1도약).

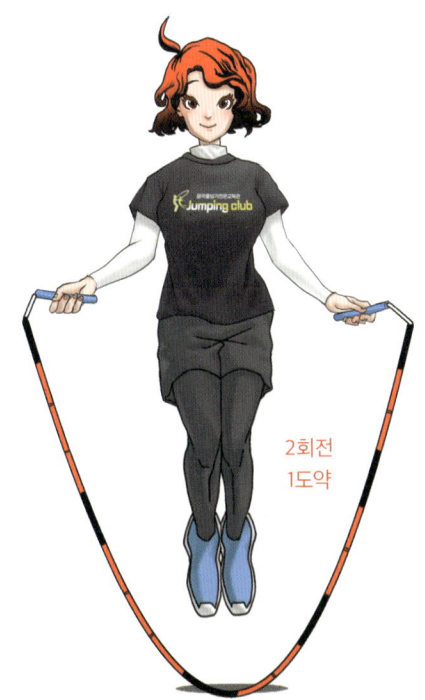

2회전
1도약

❸ ❷번 동작 후 공중에서 줄을 두 번 넘는다.

❹ 왼쪽으로 옆 떨쳐 오른손은 가슴 앞에 놓고, 왼손은 등 뒤로 깊숙이 넣어 줄을 머리 위로 넘긴 후 두 발에 걸어 멈춘다(되돌려 앞 멈춤).

● 베이직 짝줄 7급

맞서뛰기 2도약

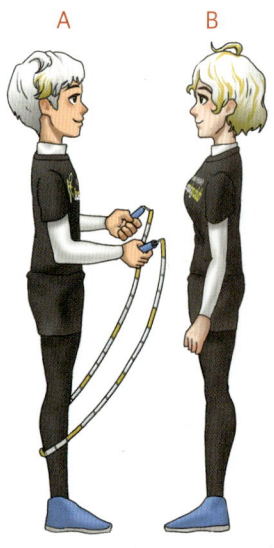

❶ A와 B는 각각 양발을 모아 마주 보며 준비한다. A는 하나, 둘, 셋 구령 신호를 넣는다.

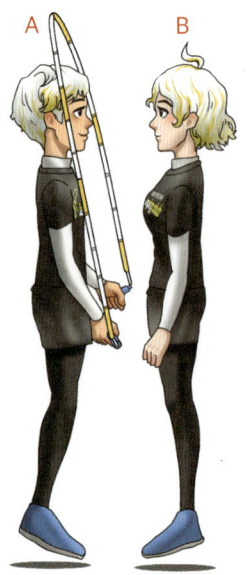

❷ A는 B가 안전하게 줄을 넘을 수 있도록 팔을 앞으로 뻗으며 줄을 넘긴다.

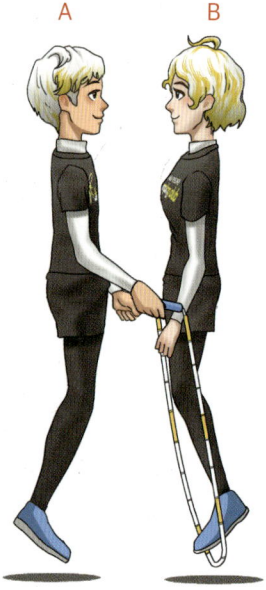

❸ ❷번 동작 후 B는 넘어오는 줄을 확인하면서 A와 같이 줄을 넘는다.

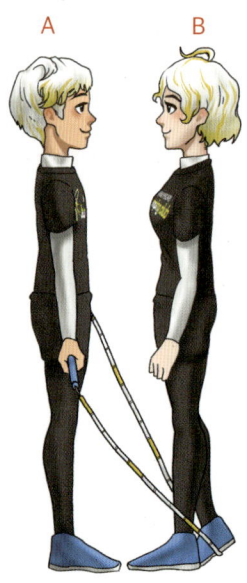

❹ ❸번 동작 후 B는 발을 뒤로 내밀어 뒤꿈치를 들고, A는 B 발바닥에 줄을 걸어 멈춘다.

● 베이직 짝줄 6급

맞서뛰기 (3/3/3)

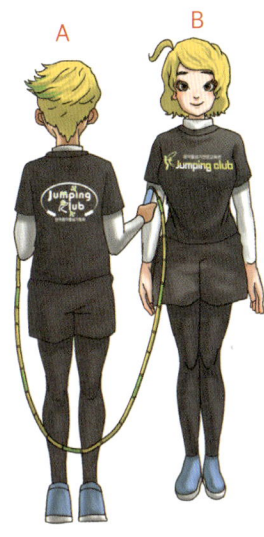

❶ A와 B는 각각 양발을 모아 마주 본 상태로 한 걸음 거리만큼 떨어져 선다. A는 왼쪽으로 한 걸음 이동해 준비한다.

❷ A는 제자리에서 세 번 줄을 넘고, 오른쪽으로 한 걸음 이동해 B와 같이 세 번 줄을 넘은 후 오른쪽으로 한 걸음 이동해 A만 줄을 세 번 넘는다. A와 B는 2도약으로 같이 뛴다.

❸ ❷번 동작 후 A는 왼쪽으로 이동하면서 줄을 세 번 넘는다. ❷번 동작의 역순으로 한다.

❹ ❸번 동작 후 A는 발을 앞으로 내밀어 앞꿈치를 들고 줄을 발바닥에 걸어 멈춘다.

●베이직 짝줄 5급

나란히뛰기 (4/2/1)

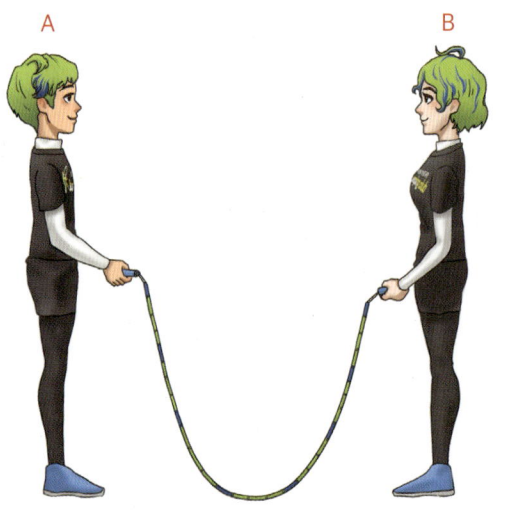

❶ A와 B는 각각 양발을 모아 정면을 바라보고 서서 안쪽 손을 맞잡고, 바깥쪽 손은 줄넘기를 잡는다. 그다음 서로 마주 보며 서고, 뒤로 한 걸음 떨어져 준비한다. 그리고 정면을 정한다.

❷ A와 B는 구령 넣는 사람을 정하고 구령에 맞춰 줄을 앞으로 돌리는데, 줄이 바닥을 치고 위로 올라갈 때 A는 정면으로 몸을 돌려 넘으면서 들어간다(2도약).

❸ B는 A가 줄을 잘 넘을 수 있도록 구령에 맞춰 줄을 돌린다. 이때 A와 B의 손 높이가 같아야 한다.

❹ A는 줄을 넘은 후 B를 바라보면서 뒤로 한 걸음 빠져 처음 자리로 돌아가 마주 보며 줄을 돌리고, ❷번 방법으로 B가 줄을 넘는다. 정해진 개수만큼 서로 교차해 줄을 넘는다.

● 베이직 짝줄 4급

나란히뛰기-앞뒤뛰기

❶ A와 B는 마주 보며 구령에 맞춰 줄을 앞으로 돌리고, 줄이 바닥을 치고 위로 올라갈 때 A가 정면으로 몸을 돌려 줄을 넘으면서 먼저 들어간다(2도약). 이때 먼저 들어갈 사람을 정한다.

❷ ❶번 동작 후 B는 정해진 개수에 맞게 줄을 돌리고, A의 앞으로 줄을 넘으면서 들어간다.

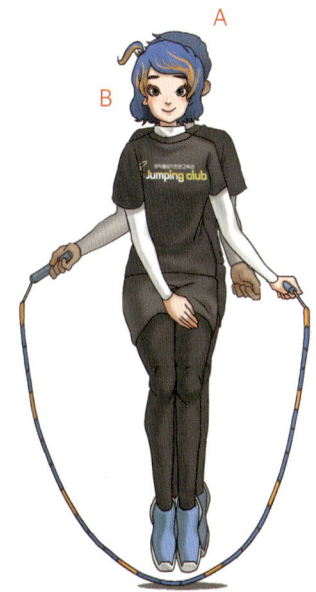

❸ ❷번 동작 후 앞(B)과 뒤(A)에서 구령에 맞춰 줄을 함께 넘는다(2도약). 이때 A는 뒤에서 팔을 앞으로 크게 돌리고, B는 앞에서 팔을 뒤로 크게 돌린다.

❹ ❸번 동작 후 먼저 들어간 A가 처음 시작한 자리로 빠지면서 이동하고 B가 넘을 수 있게 줄을 돌린다. B는 정해진 개수만큼 줄을 넘은 후 처음 시작한 자리로 빠지며 이동한다.

●베이직 짝줄 3급

사슬뛰기 2도약

❶ A와 B는 정면을 바라보며 줄을 하나씩 들고 선 다음 안쪽 손으로 서로의 줄을 바꿔 잡는다. 간격이 너무 멀리 떨어지지 않도록 주의한다.

❷ A와 B는 신호에 맞춰 양손을 머리 쪽으로 올리면서 줄을 앞으로 넘긴다.

❸ ❷번 동작 후 머리 위로 넘어오는 줄을 함께 넘는다(2도약).

❹ A와 B는 각각 한 발씩 앞으로 내밀어 뒤꿈치를 붙이고 줄을 발바닥에 걸어 멈춘다.

● 베이직 짝줄 2급

사슬뛰기 몰아주기 (3/4/3)

❶ A와 B는 정면을 바라보고 신호에 맞춰 양손을 머리 위로 올리며 2도약으로 줄을 세 번 넘는다.

❷ ❶번 동작 후 B는 A쪽으로 양손을 모아 옆 떨친다. A는 양손을 모아 오른쪽으로 옆 떨치면서 2도약으로 줄을 넘는다.

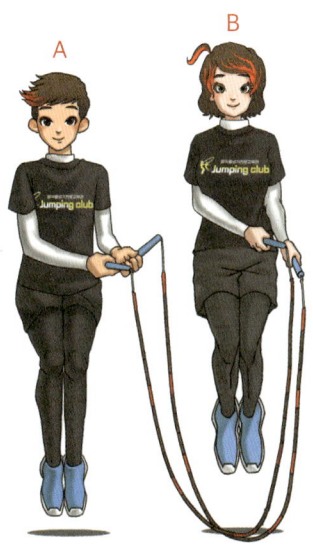

❸ ❷번 동작 후 A는 B쪽으로 양손을 모아 옆 떨친다. B는 양손을 모아 왼쪽으로 옆 떨치면서 2도약으로 줄을 넘는다. 반대쪽으로 옆 떨칠 때 서 있는 사람은 양손을 모아준다.

❹ ❸번 동작 후 신호에 맞춰 모은 양손을 머리 쪽으로 올리면서 팔을 벌려 2도약으로 줄을 세 번 넘는다.

● 베이직 짝줄 1급

사슬뛰기 반회전(앞/뒤/앞)(3/3/3)

❶ A와 B는 안쪽 손으로 서로의 줄을 바꿔 잡은 다음 정면을 바라보고 신호에 맞춰 2도약으로 줄을 세 번 넘는다.

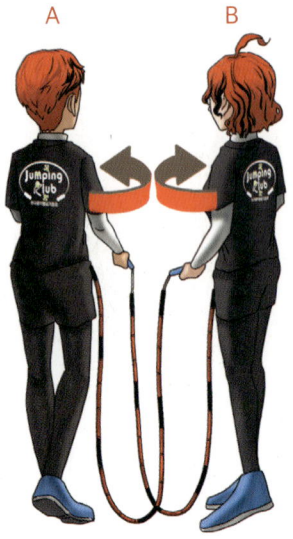

❷ ❶번 동작 후 A와 B는 서로 마주 보고 가까이 있는 발을 빼면서 양손을 아래로 모아 옆 떨치며 뒤로 돈다.

❸ ❷번 동작 후 A와 B는 뒤를 보며 2도약으로 줄을 세 번 넘는다.

❹ ❸번 동작 후 A와 B는 서로 마주 보고 가까이 있는 발을 빼면서 양손을 머리 쪽으로 올리며 2도약으로 줄을 세 번 넘는다.

● 베이직 긴 줄 7급

배웅 기본뛰기

❶ 양쪽으로 줄을 길게 잡은 두 사람은 마주 보며 서 있고, 줄을 넘는 사람은 가운데에 서서 양발을 모은 채 준비한다.

❷ 긴 줄은 줄 넘는 사람을 잘 보면서 호흡을 맞춰 줄을 뒤로 돌린다. 줄은 2도약으로 돌린다.

❸ 긴 줄은 줄 넘는 사람이 줄을 잘 넘도록 돌리고, 줄 넘는 사람은 오는 줄을 잘 보며 넘는다. 줄은 2도약으로 넘는다.

❹ 줄 넘는 사람은 뒤로 발을 내밀고 뒤꿈치를 들어 줄을 발바닥에 걸어 멈춘다.

● 베이직 긴 줄 7급

마중 기본뛰기

❶ 양쪽으로 줄을 길게 잡은 두 사람은 마주 보며 서 있고, 줄을 넘는 사람은 가운데에 서서 양발을 모은 채 준비한다.

❷ 긴 줄은 줄 넘는 사람을 잘 보면서 호흡을 맞춰 줄을 앞으로 돌린다. 줄은 2도약으로 돌린다.

❸ 긴 줄은 줄 넘는 사람이 줄을 잘 넘도록 돌리고, 줄 넘는 사람은 오는 줄을 잘 보며 넘는다. 줄은 2도약으로 넘는다.

❹ 줄 넘는 사람은 앞으로 발을 내밀고 앞꿈치를 들어 줄을 발바닥에 걸어 멈춘다.

● 베이직 긴 줄 6급

제자리 뒤로 뛰기

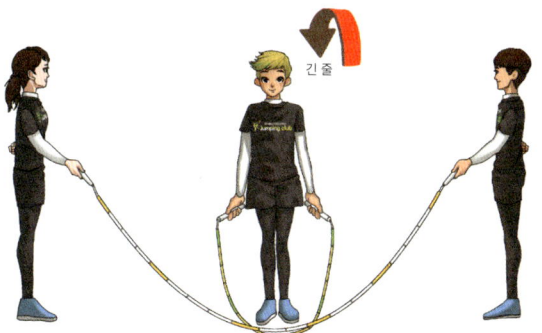

❶ 양쪽 긴 줄은 마주 보며 서 있고, 개인줄은 줄 가운데에 서서 양발을 모은 채 준비한다.

❷ 긴 줄은 개인줄을 잘 보면서 호흡을 맞춰 줄을 개인줄 뒤로 돌린다. 줄은 2도약으로 돌린다.

❸ 긴 줄 신호에 맞춰 개인줄이 뒤로 줄을 돌려 2도약으로 세 번 넘는다.

❹ ❸번 동작 후 개인줄은 뒤로 발을 내밀고 뒤꿈치를 들어 줄을 발바닥에 걸어 멈춘다.

● 베이직 긴 줄 5급

뒤·앞뛰기(3/3)

❶ 양쪽 긴 줄은 마주 보며 서 있고, 개인줄은 줄 가운데에서 긴 줄에 맞춰 뛴다.

❷ 긴 줄 신호에 맞춰 개인줄이 뒤로 줄을 돌려 2도약으로 세 번 넘는다.

❸ ❷번 동작 후 줄을 넘고 몸을 뒤로 돈다. 돌 때 줄넘기가 얼굴 앞에 있어야 한다.

❹ ❸번 동작 후 2도약으로 세 번 넘는다. 긴 줄과 개인줄은 속도를 맞춰 줄을 돌린다.

● 베이직 긴 줄 4급

뒤·앞·뒤뛰기 (기본)

❶ 개인줄은 양발을 모은 채 줄을 앞에 둔 상태에서 2도약으로 줄을 뒤로 세 번 넘는다.

❷ ❶번 동작 후 줄을 넘고 몸을 뒤로 돌려 2도약으로 세 번 넘는다. 돌 때 줄이 얼굴 앞에 있어야 한다.

❸ ❷번 동작 후 재빠르게 오른쪽으로 옆 떨치며 뒤로 돈 다음 2도약으로 줄을 뒤로 세 번 넘는다.

❹ ❸번 동작 후 왼발을 뒤로 내밀면서 뒤꿈치를 들어 줄을 발바닥에 걸어 멈춘다.

● 베이직 긴 줄 3급

앞으로 뛰기(기본)(3/6/3)

❶ 양쪽 긴 줄은 마주 보며 서 있고, 개인줄은 줄 가운데에 양발을 모은 채 서서 준비한다.

❷ 긴 줄 신호에 맞춰 앞으로 줄을 돌려 2도약으로 세 번 넘는다.

❸ ❷번 동작 후 개인줄은 1도약으로 여섯 번 넘는다. 긴 줄은 개인줄이 잘 넘을 수 있도록 줄을 잘 돌린다.

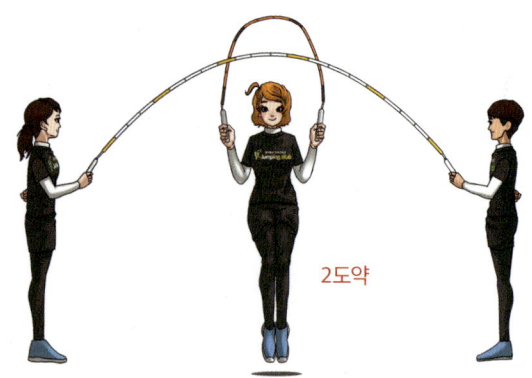

❹ ❸번 동작 후 개인줄은 2도약으로 세 번 넘는다.

● 베이직 긴 줄 2급

양발 모아-옆 떨쳐 모아-옆 떨쳐 엇걸어-양발 모아뛰기 (3/4/4/3)

❶ 개인줄은 양발을 모은 채 줄을 앞에 둔 상태에서 2도약으로 줄을 앞으로 세 번 넘는다.

❷ ❶번 동작 후 옆 떨쳐 모아로 네 번 넘는다. 옆 떨쳐 모아 때 2도약으로 넘는다.

❸ ❷번 동작 후 옆 떨쳐 엇걸어로 네 번 넘는다. 옆 떨쳐 엇걸어 때 1도약으로 넘는다. 이때 긴 줄은 개인줄이 잘 넘을 수 있도록 줄을 잘 돌린다.

❹ ❸번 동작 후 양발 모아뛰기로 세 번 넘는다. 긴 줄은 같은 속도로 돌린다.

● 베이직 긴 줄 1급

2중뛰기 (3/4/3)

❶ 긴 줄은 마주 보며 서 있고, 개인줄은 가운데에 서서 양발을 모은 채 준비한다.

❷ 긴 줄 신호에 맞춰 개인줄은 앞으로 줄을 돌려 2도약으로 세 번 넘는다.

❸ ❷번 동작 후 개인줄은 1도약으로 네 번 넘는다. 긴 줄은 속도에 맞춰 줄을 돌린다.

❹ ❸번 동작 후 개인줄은 2중뛰기로 세 번 넘는다. 긴 줄은 개인줄이 잘 넘을 수 있도록 줄을 잘 돌린다.

2단계

엘리트 과정

●엘리트 개인줄 7급

01 스윙회전뛰기

❶ 줄과 시선을 함께 왼쪽으로 돌리면서 두 손을 모은 상태로 옆 떨치기를 한다.

❷ 옆 떨치기 한 줄넘기를 등 뒤로 넘긴다. 몸은 멈추지 않고 계속 돌아야 된다.

❸ 뒤로 넘어간 줄이 등에 맞기 전 정면을 바라보며 몸을 돌리고, 반동을 줘 줄을 앞으로 넘긴다.

❹ 팔을 위에서 아래로 당기면서 앞으로 오는 줄을 넘는다.

●엘리트 개인줄 7급

02 옆흔들어뛰기

❶ 오른발로 줄을 넘고 왼발을 옆으로 벌린다. 다리 사이가 너무 넓거나 좁지 않게 발을 무릎 높이까지 흔들어 올린다.

❷ 벌렸던 왼발을 모으면서 왼발로 줄을 넘는다. 다리는 무릎을 굽히지 않고 편 상태로 흔들어야 한다.

❸ 왼발로 줄을 넘고 오른발을 옆으로 벌린다. 다리 사이가 너무 넓거나 좁지 않게 발을 무릎 높이까지 흔들어 올린다.

❹ 벌렸던 오른발을 모으면서 왼발로 줄을 넘는다. 다리를 옆으로 흔들 때 발 방향이 몸 뒤쪽으로 가면 줄에 걸릴 수 있다. 걸리지 않도록 발을 옆으로 흔든다.

●엘리트 개인줄 7급

03 십자뛰기

❶ 왼쪽으로 중심을 이동하면서 왼발로 줄을 두 번 넘고, 오른발은 줄에 걸리지 않도록 무릎을 골반까지 접어 올린다.

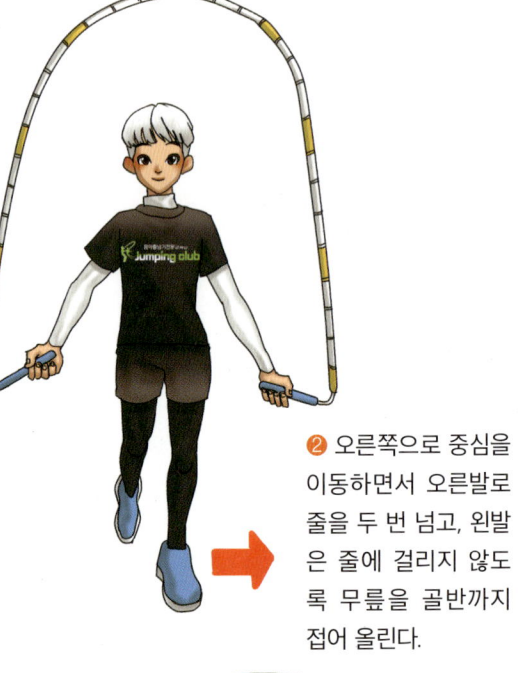

❷ 오른쪽으로 중심을 이동하면서 오른발로 줄을 두 번 넘고, 왼발은 줄에 걸리지 않도록 무릎을 골반까지 접어 올린다.

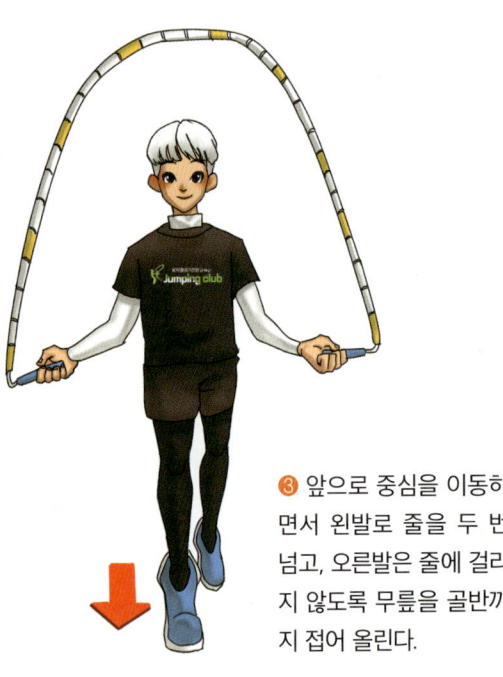

❸ 앞으로 중심을 이동하면서 왼발로 줄을 두 번 넘고, 오른발은 줄에 걸리지 않도록 무릎을 골반까지 접어 올린다.

❹ 뒤로 중심을 이동하면서 오른발로 줄을 두 번 넘고, 왼발은 줄에 걸리지 않도록 무릎을 골반까지 접어 올린다.

● 엘리트 개인줄 7급

04 되돌려 넘어 모아뛰기 (EB.O)

❶ 오른손은 가슴에 놓고, 왼손은 등 뒤에 깊숙이 넣어 줄을 넘긴다. 옆 떨칠 때 줄 방향을 일자로 돌린다.

❷ 교차된 양손을 풀지 않고 손목을 이용해 줄을 돌려 넘는다.

❸ 줄을 넘은 후 왼손을 뒤에서 앞으로 돌리면서 풀고, 왼손이 넘어올 때 오른손도 같이 편다.

❹ 오른손과 왼손을 동시에 어깨까지 올렸다 내리면서 줄을 돌려 넘는다.

● 엘리트 개인줄 7급

05 점프 팔 감아 멈춤

❶ 양발을 모아 팔을 몸에 가까이 붙이고 앞을 보며 줄을 넘는다.

❷ 오른손은 펼치고 왼손은 가슴 앞에 붙여 오른쪽 팔꿈치에 줄을 감는다.

❸ 줄을 팔에 감을 때 왼발을 앞으로 내딛으면서 무릎앉아 자세를 한다.

❹ 오른손으로 줄을 돌리면서 팔에 감는다.

●엘리트 개인줄 6급

01 스윙 방향 전환 뛰기

❶ 왼발을 뒤로 빼면서 몸을 왼쪽으로 90도 돌리고 앞 떨치기를 한다. 앞 떨치기를 할 때 손은 기본뛰기 자세를 유지한다.

❷ 줄이 땅에 닿을 때 몸을 왼쪽으로 45도 더 돌리고, 손목 힘을 이용해 줄을 뒤로 넘긴다.

❸ ❷번처럼 몸의 각도를 유지하고 넘어온 줄은 뒤 떨치기를 한다. 뒤 떨치기를 할 때 어깨를 뒤로 조금 눕힌다.

❹ 줄이 땅에 닿을 때 몸을 오른쪽 방향으로 90도 돌리고 손목 힘을 이용해 줄을 앞으로 넘긴다.

● 엘리트 개인줄 6급

02 지그재그뛰기

❶ 왼발이 앞으로 가도록 발을 앞뒤로 교차하면서 줄을 넘는다.

❷ 줄을 넘으면서 발을 좌우로 벌린다. 다리는 어깨너비만큼 벌린다.

❸ 오른발이 앞으로 가도록 발을 앞뒤로 교차하면서 줄을 넘고 착지한다.

❹ 줄을 넘으면서 발을 좌우로 벌린다. 다리는 어깨너비만큼 벌린다.

●엘리트 개인줄 6급

03 앞들어 꼬아뛰기

❶ 오른발로 줄을 넘으면서 왼쪽 무릎을 앞으로 든다. 무릎을 들 때 발가락이 땅으로 향하도록 발목을 곧게 편다.

❷ 오른발로 줄을 넘으면서 왼발을 오른발 앞쪽으로 내린다. 너무 과하게 꼬면 중심이 흔들려 발목에 부상이 올 수 있다.

❸ 오른발로 줄을 넘으면서 왼쪽 무릎을 앞으로 든다. 무릎을 들 때 발가락이 땅으로 향하도록 발목을 곧게 편다.

❹ 두 발을 모아 줄을 넘는다. 다른 쪽 발도 동일한 방법으로 반복한다.

● 엘리트 개인줄 6급

04 되돌려 넘어 엇걸어뛰기(EB.C)

❶ 오른손은 가슴에 놓고, 왼손은 등 뒤에 깊숙이 넣어 줄을 넘긴다. 옆 떨칠 때 줄 방향을 일자로 돌린다.

❷ 교차된 양손을 풀지 않고 손목을 이용해 줄을 돌려 넘는다.

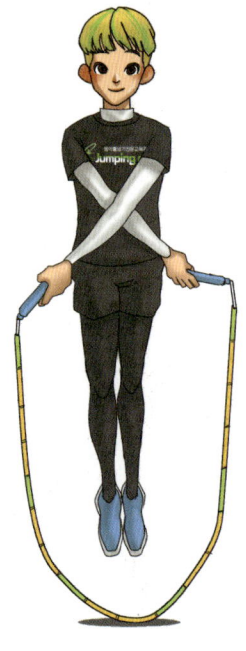

❸ 줄을 넘은 후 왼손을 뒤에서 앞으로 넘기듯 풀고, 오른손은 유지한다. 왼손을 풀어 넘길 때 오른손도 같이 돌려 도움을 준다.

❹ 오른손은 고정하고 푼 왼손을 가슴 앞에서 엇걸어 자세를 만들어 넘는다. 엇걸어 들어오는 줄이 대각선으로 돌지 않도록 손을 위에서 아래로 바르게 돌린다.

● 엘리트 개인줄 6급

05 다리 걸어 X멈춤

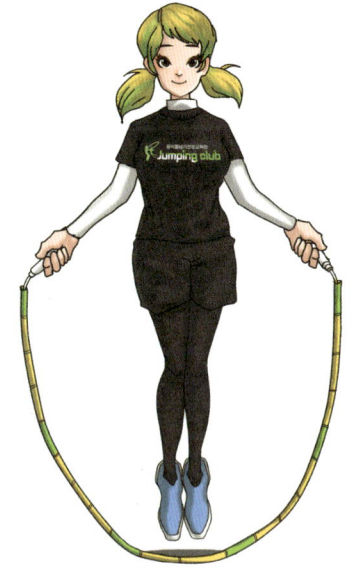

❶ 양발을 모으고 팔을 몸에 가까이 붙여 앞을 보면서 줄을 넘는다.

❷ 줄을 오른쪽 발목에 걸고 오른손을 몸 뒤로 빼서 다리를 걸 수 있도록 공간을 만든다.

❸ 왼발을 오른발 뒤로 넘겨 줄넘기를 발목에 건다. 오른손은 뒤로 뺀 자세를 유지한다.

❹ 줄이 걸린 왼발을 어깨너비만큼 벌린다. 줄이 양쪽 발목에 걸리도록 손을 내린다.

●엘리트 개인줄 5급

01 8자 되돌려 팔 감기

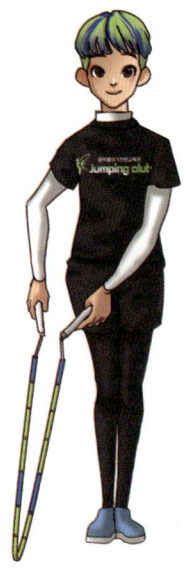

❶ 오른손은 가슴에 놓고, 왼손은 등 뒤에 깊숙이 넣어 줄을 넘긴다. 옆 떨칠 때 줄 방향을 일자로 돌린다.

❷ 줄이 눈앞을 지나가면 오른팔을 풀어 돌아가는 줄을 손목에 감는다.

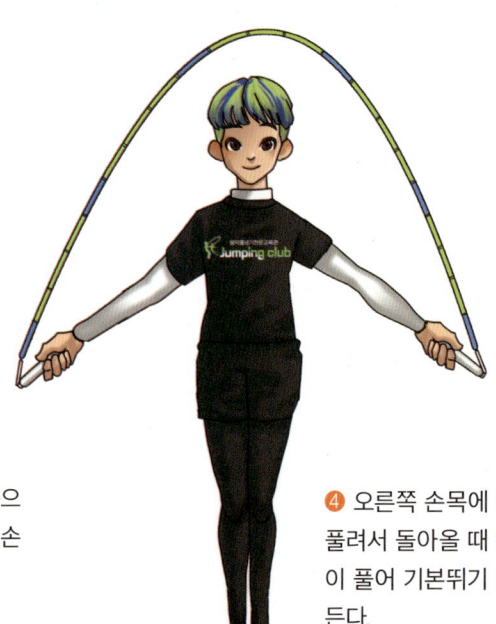

❸ 줄이 감긴 상태로 오른손을 왼쪽으로 이동해 옆 떨치기를 한다. 이때 왼손은 풀리지 않도록 고정한다.

❹ 오른쪽 손목에 감긴 줄이 풀려서 돌아올 때 왼손을 같이 풀어 기본뛰기 자세를 만든다.

● 엘리트 개인줄 5급

02 앞들어 다리 뻗어뛰기

❶ 오른발로 줄을 넘으면서 왼쪽 무릎을 앞으로 든다. 무릎을 들 때 발가락이 땅으로 향하게 발목을 곧게 편다.

❷ 들었던 왼발을 내려 발을 모은 후 줄을 넘는다. 중심은 오른발에 유지한다.

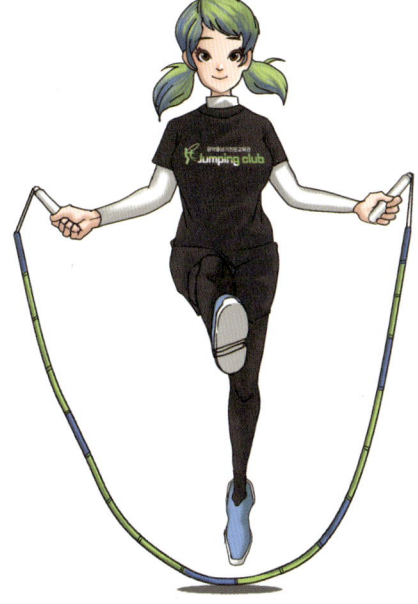

❸ 오른발로 줄을 넘으면서 왼다리를 앞으로 뻗어 올린다. 다리를 올릴 때 발등은 곧게 편다.

❹ 들었던 왼발을 내려 발을 모아 줄을 넘는다.

●엘리트 개인줄 5급

03 뒤 들어 꼬아뛰기

❶ 줄을 넘으면서 왼발 뒤꿈치가 엉덩이에 닿도록 접어 올린다.

❷ 왼발을 오른발 뒤꿈치 쪽으로 내리면서 양발을 꼬아 뛴다. 중심은 오른발에 유지한다.

❸ 줄을 넘으면서 왼발 뒤꿈치가 엉덩이에 닿도록 접어 올린다.

❹ 양발을 모으고 팔을 몸에 가까이 붙여 앞을 보면서 줄을 넘는다.

● 엘리트 개인줄 5급

04 두꺼비뛰기 (토드)

❶ 양발을 모으고 팔을 몸에 가까이 붙여 앞을 보면서 줄을 넘는다.

❷ 왼쪽 무릎을 들고, 오른손이 허벅지 밑(오금)으로 들어가도록 양손을 엇걸어 줄을 넘는다. 다리는 '기역(ㄱ)' 자 모양을 만든다.

❸ 오른손을 종아리를 따라 내리면서 줄을 푼다. 중심은 오른발에 유지한다.

❹ 양발을 모으고 팔을 몸에 가까이 붙여 앞을 보면서 줄을 넘는다.

●엘리트 개인줄 5급

05 되돌려 X멈춤

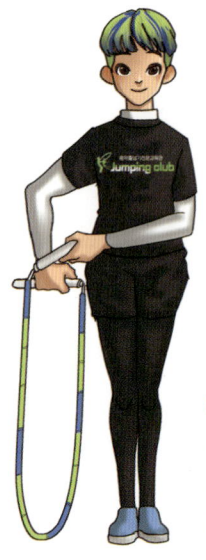

❶ 오른손은 가슴에 놓고, 왼손은 등 뒤에 깊숙이 넣어 줄을 넘긴다. 옆 떨칠 때 줄 방향을 일자로 돌린다.

❷ 교차된 양손을 풀지 말고 손목을 이용해 줄을 돌려 넘는다.

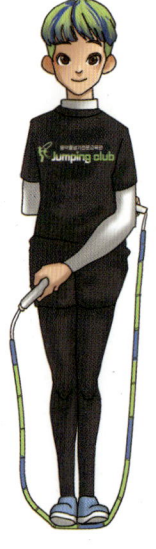

❸ 돌아온 줄에 양발이 모두 걸리도록 앞꿈치를 들어 줄을 멈춘다.

❹ 줄이 걸리면 팔을 옆으로 펼쳐 멈춘다.

●엘리트 개인줄 4급

01 다리 밑 옆 떨치기

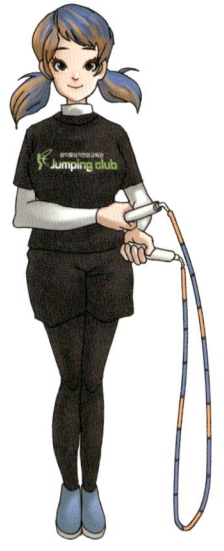

❶ 양손을 모아 오른쪽으로 옆 떨치기를 한다.

❷ 왼다리를 들고 오른손이 허벅지 밑으로 들어가게 옆 떨치기를 한다. 왼쪽 무릎을 허리 높이까지 올린다.

❸ 왼발과 오른손은 유지하고, 오른손을 왼쪽으로 넘긴다. 오른발로 중심을 잘 잡고 허리를 숙이지 않는다.

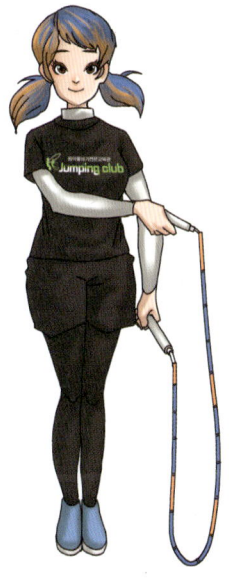

❹ ❸번 동작 후 오른손을 풀면서 옆 떨치기를 한다.

● 엘리트 개인줄 4급

02 토힐뛰기

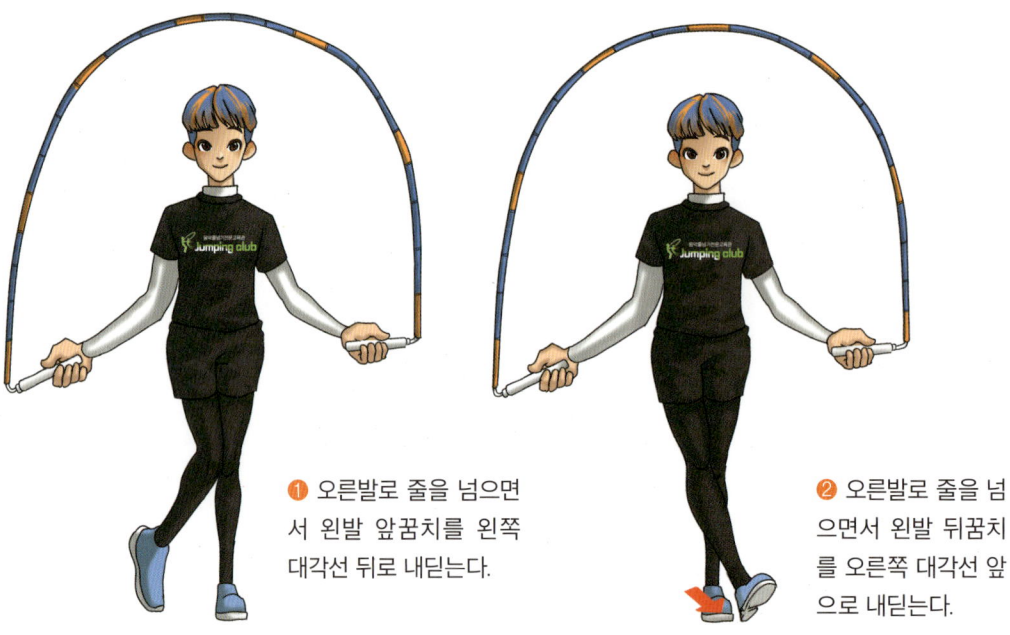

❶ 오른발로 줄을 넘으면서 왼발 앞꿈치를 왼쪽 대각선 뒤로 내딛는다.

❷ 오른발로 줄을 넘으면서 왼발 뒤꿈치를 오른쪽 대각선 앞으로 내딛는다.

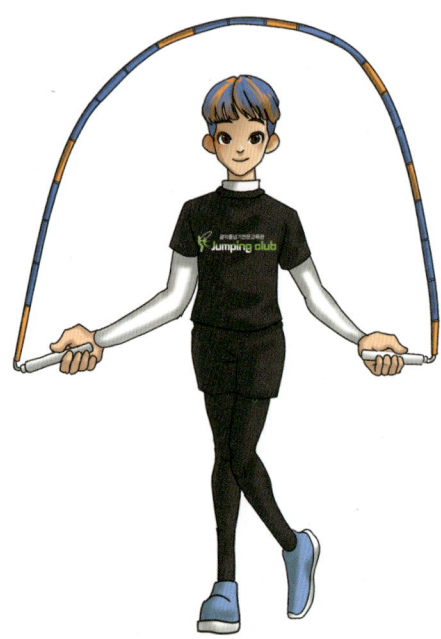

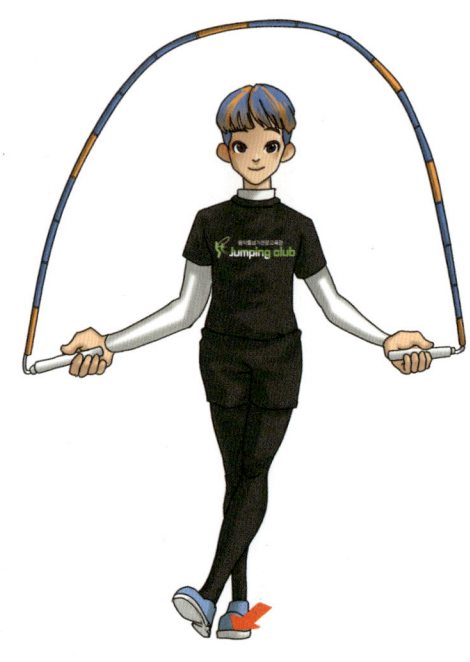

❸ 왼발로 줄을 넘으면서 오른발 앞꿈치를 오른쪽 대각선 뒤로 내딛는다.

❹ 왼발로 줄을 넘으면서 오른발 뒤꿈치를 왼쪽 대각선 앞으로 내딛는다.

●엘리트 개인줄 4급

03 옆들어 찍기

❶ 오른발로 줄을 넘고, 왼발 뒤꿈치를 뒤로 올리면서 무릎을 접는다. 줄은 1회전 2도약 박자로 천천히 돌린다.

❷ 오른발로 줄을 넘고, 왼발을 어깨너비만큼 옆으로 내딛어 앞꿈치를 바닥에 찍는다.

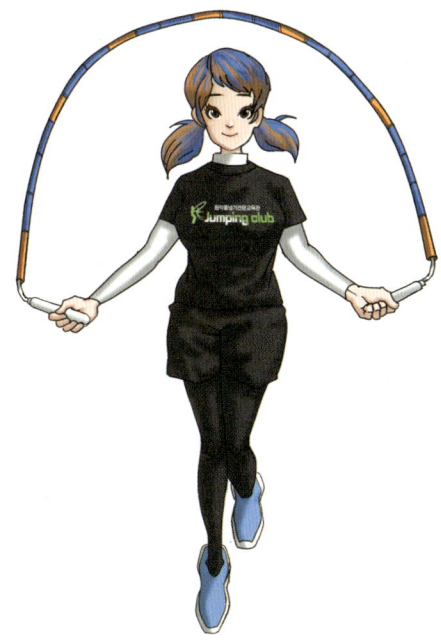

❸ 왼발로 줄을 넘고, 오른발 뒤꿈치를 뒤로 올리면서 무릎을 접는다. 줄은 1회전 2도약 박자로 천천히 돌린다.

❹ 왼발로 줄을 넘고, 오른발을 어깨너비만큼 옆으로 내딛어 앞꿈치를 바닥에 찍는다.

●엘리트 개인줄 4급

04 개구리뛰기(크루거)

❶ 왼다리를 들고 왼손을 허벅지 밑으로 넣으면서 오른발로 줄을 넘는다. 다리를 허리 높이까지 올려야 손 넣기가 자연스럽고 줄도 바르게 돌아간다.

❷ 왼손을 빼면서 엇걸어 자세를 만든다. 종아리 라인을 따라 손을 풀어야 줄이 발에 걸리지 않는다.

❸ 허벅지 밑에 넣었던 왼손을 몸 쪽으로 해 엇걸어 자세를 만들고 줄을 넘는다.

❹ 양발을 모으고 팔을 몸에 가까이 붙여 앞을 보면서 줄을 넘는다.

●엘리트 개인줄 4급

05 꽃게 엇걸어 멈춤

❶ 줄을 넘고 다리를 어깨너비만큼 벌린다.

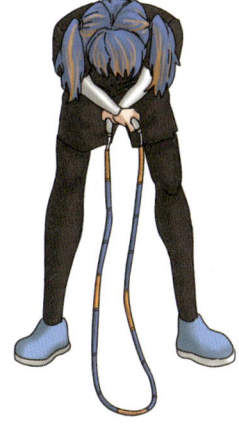

❷ 허리를 숙이면서 다리 사이에 양팔을 엇걸어 넣는다. 양손을 모아 줄 손잡이 끝부분이 땅에 닿게 한다.

❸ 줄 손잡이 끝부분으로 땅을 긁듯이 당기고, 다리 사이로 팔을 넣어 엇건다. 엇건 팔의 손목에 반동을 줘 줄을 앞으로 넘긴다.

❹ 상체를 일으켜 바로 서고 팔을 옆으로 펼친다. 줄이 발목에 위치하게 한다.

● 엘리트 개인줄 3급

01 팔감아 회전뛰기

❶ 옆 떨치기를 하면서 왼쪽 손목에 줄을 한 번만 감는다. 손목에 감아야 줄을 다루기가 좋다.

❷ 몸을 180도 돌리면서 왼쪽 손목에 감긴 줄을 푼다.

❸ 줄을 넘겨 등 쪽으로 가게 한다. 몸을 멈춰 세우지 말고 줄 박자에 맞춰 돌린다.

❹ 줄이 등에 닿기 전 뒤 떨치기를 하면서 몸을 회전해 줄을 넘는다. 줄이 넘어가기 전 몸을 먼저 돌린다.

●엘리트 개인줄 3급

02 앞들어 좌우 벌려 모아뛰기

❶ 양발을 모으고 팔을 몸에 가까이 붙여 앞을 보면서 줄을 넘는다.

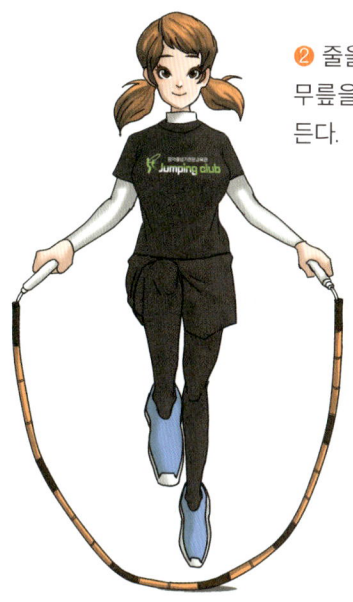

❷ 줄을 넘으면서 왼쪽 무릎을 허리 높이까지 든다.

❸ 줄을 넘고 다리를 어깨너비만큼 벌린다. 다리를 벌릴 때 팔도 같이 벌어지지 않도록 자세를 유지한다.

❹ 양발을 모으고 팔을 몸에 가까이 붙여 앞을 보면서 줄을 넘는다.

● 엘리트 개인줄 3급

03 뒤 1.5중 모아뛰기

❶ 왼손이 밑으로 가게 해 뒤 옆 떨치기를 하면서 높이 뛴다.

❷ 옆 떨치기를 하고 발이 땅에 닿기 전 오른팔을 풀어 넘는다.

❸ 오른손이 밑으로 가게 해 뒤 옆 떨치기를 하면서 높이 뛴다.

❹ 옆 떨치기를 하고 발이 땅에 닿기 전 왼팔을 풀어 넘는다.

● 엘리트 개인줄 3급

04 오금 되돌러 넘기 (CL)

❶ 몸을 숙여 손잡이 끝부분이 머리보다 앞쪽에 놓이는 위치까지 팔을 뻗어 줄이 땅에 닿게 한다.

❷ 줄 손잡이 끝부분으로 땅을 긁듯이 당기면서 줄을 넘는다. 등과 땅이 수평이 되게 하고, 다리는 너무 펴거나 많이 구부리지 않는다.

❸ 줄을 넘은 후 왼손은 허벅지 밑으로, 오른손은 등 뒤로 깊숙이 넣어 줄을 돌린다. 줄을 돌릴 때는 손목 회전을 이용한다.

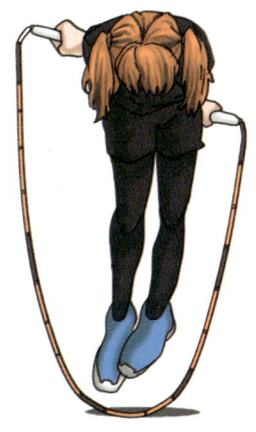

❹ 양손이 풀리지 않게 유지하면서 줄을 돌리고, 돌아오는 줄을 넘은 후 풀면서 일어난다.

●엘리트 개인줄 3급

05 다리 밑 어깨 걸어 멈춤

❶ 양발을 모으고 팔을 몸에 가까이 붙여 앞을 보면서 줄을 넘는다.

❷ 왼다리를 들고 오른손을 이용해 줄을 다리 사이에 끼운다.

❸ 오른손은 고정하고 왼손을 이용해 목과 어깨 쪽에 줄을 감는다.

❹ 줄이 몸에 감기면 왼손과 오른손을 함께 펼친다.

●엘리트 개인줄 2급

01   1.5중 다리 밑 팔 감아 회전뛰기

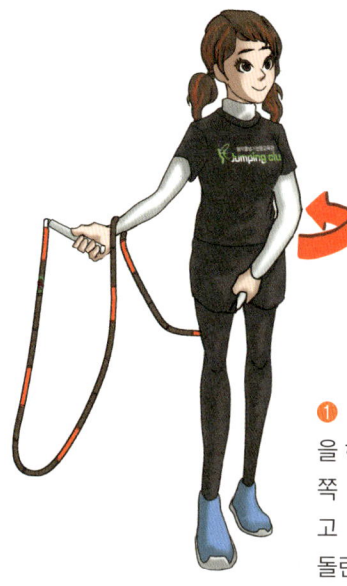

❶ 왼다리를 들고 오른손을 허벅지 밑에 넣은 후 왼쪽 손목에 줄을 한 번 감고 앞쪽으로 몸을 180도 돌린다.

❷ 몸을 돌려 왼쪽 손목에 감은 줄을 푼다. 왼손을 돌리면 줄이 쉽게 풀린다.

❸ 손목에 감은 줄을 풀고, 왼다리를 들어 줄을 넘긴다. 몸을 돌릴 때 시선을 먼저 돌린다.

❹ 몸을 멈추지 않고 계속 움직여 줄이 등에 닿기 전 몸을 돌려서 줄을 앞으로 넘긴다.

●엘리트 개인줄 2급

02 앞 흔들어 무릎 들어 꼬아뛰기

❶ 오른발로 줄을 넘고, 왼쪽 무릎을 뒤로 접는다. 오른발로 중심을 잡는다.

❷ 오른발로 줄을 넘으면서 뒤로 뺐던 왼발을 앞으로 가볍게 내밀며 무릎보다 밑으로 뻗는다.

❸ 오른발로 줄을 넘으면서 뻗은 다리의 무릎을 위로 올린다.

❹ 오른발로 줄을 넘으면서 왼발을 오른다리 앞으로 교차하며 내린다.

●엘리트 개인줄 2급

03　뒤 1.5중 엇걸어뛰기

❶ 왼손이 밑으로 가게 옆 떨치기를 하면서 높이 뛴다.

❷ 오른손은 자세를 유지하고, 왼손을 오른손 밑으로 엇건다.

❸ 공중에서 옆 떨치기를 한 번 하고 엇걸어뛰기를 한 번 넘는다. 무릎을 접으면 걸리지 않고 넘을 수 있다.

❹ 엇건 줄이 몸을 완전히 통과한 후 팔을 풀어 뒤로 넘는다.

●엘리트 개인줄 2급

04 오금 엇걸어뛰기(AS)

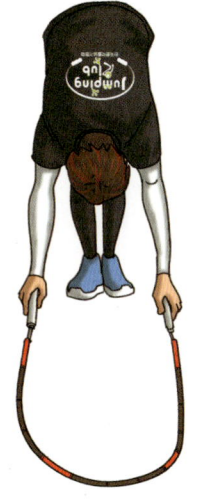

❶ 몸을 숙여 줄 손잡이 끝이 바닥에 닿게 한다.

❷ 줄 손잡이 끝으로 바닥을 긁으면서 당기고, 양손은 허벅지 밑에 엇건다. 등과 땅이 수평이 되게 하고, 다리는 너무 펴거나 많이 구부리지 않는다.

❸ 엇건 상태로 손목 회전을 이용해 줄을 돌리면서 넘는다.

❹ 팔을 풀고 줄을 넘는다. 줄을 넘기 전 상체가 일어나선 안 된다.

●엘리트 개인줄 2급

05 다리 밑 X멈춤

① 양발을 모으고 팔을 몸에 가까이 붙여 앞을 보면서 줄을 넘는다.

② 오른발을 들고 왼손을 허벅지 밑으로 깊이 넣는다.

③ 오른손을 왼손 위로 엇걸어 왼발로 줄을 넘는다.

④ 팔을 옆으로 펼친다. 줄을 발목에 감아야 'X'자 모양을 만들 수 있다.

● 엘리트 개인줄 1급

01 엇걸어 스윙 회전뛰기

❶ 손을 엇걸어 줄을 넘는다. 줄 손잡이 끝이 어깨보다 넓어야 줄이 안 걸린다.

❷ 손을 엇건 상태에서 오른쪽 방향으로 옆 떨치기를 하며 몸을 180도 돌린다.

❸ 줄이 엉덩이에 닿기 전 줄을 앞으로 넘긴다. 몸이 멈추지 않고 계속 돌아야 한다.

❹ 앞으로 넘어온 줄을 엇건 상태로 다시 넘는다. 몸에 반동을 줘 줄을 넘기고, 시선을 먼저 돌려 정면을 본다.

●엘리트 개인줄 1급

02 앞·뒤·앞 뛰기

❶ 왼쪽으로 손을 모아 옆 떨치면서 몸을 180도 돌려 줄을 등 뒤로 넘긴다.

❷ 등으로 돌아온 줄을 뒤로 넘는다. 몸이 돌던 방향으로 미리 돌아갈 준비를 한다.

❸ 넘은 줄이 얼굴 앞을 지날 때 몸을 돌려 줄넘기가 앞으로 돌아오게 한다.

❹ 양발을 모으고 팔을 몸에 가까이 붙여 앞을 보면서 줄을 넘는다.

●엘리트 개인줄 1급

03 양손 뒤 엇걸어 풀어뛰기(TS)

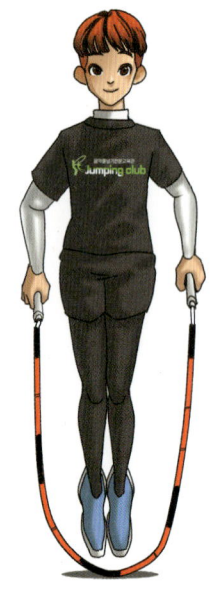

❶ 양손이 허벅지 옆을 스치면서 줄을 뒤로 넘긴다.

❷ 양손을 허리 뒤에서 교차해 줄을 앞으로 넘긴다. 이때 양쪽 어깨를 최대한 뒤쪽으로 펴야 한다.

❸ 엇건 줄이 몸을 지나기를 기다렸다가 팔을 펼치면서 줄을 넘긴다.

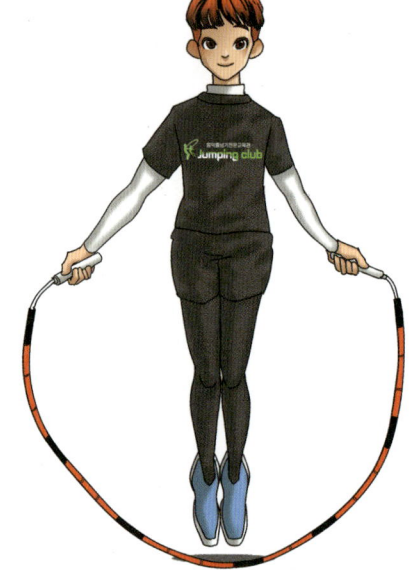

❹ 양발을 모으고 팔을 몸에 가까이 붙여 앞을 보면서 줄을 넘는다.

●엘리트 개인줄 1급

04 솔개뛰기

❶ 양발을 모으고 팔을 몸에 가까이 붙여 줄을 돌리면서 높이 뛴다.

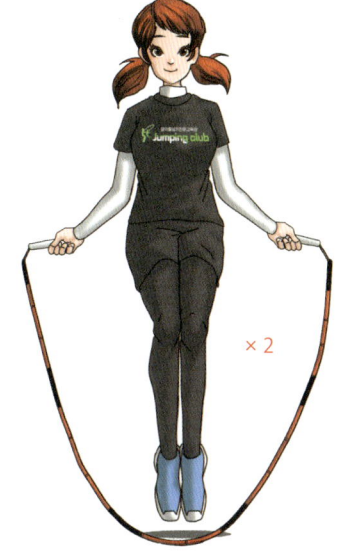

❷ 공중에서 줄을 두 번 넘는다. 손목을 이용해 줄넘기를 빠르게 돌린다.

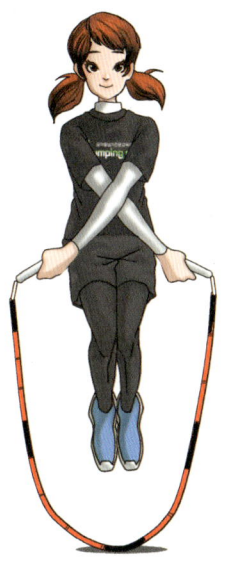

❸ 양손을 엇걸어 높이 뛴다. 엇건 상태로 손목을 이용해 줄넘기를 빠르게 돌린다.

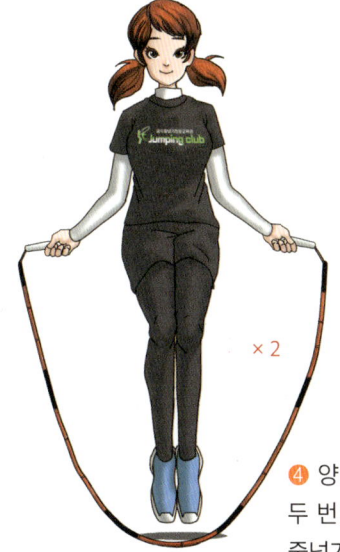

❹ 양손을 엇건 상태로 줄을 두 번 넘는다. 손목을 이용해 줄넘기를 빠르게 돌린다.

● 엘리트 개인줄 1급

05　X팔 걸어 멈춤

❶ 오른손은 가슴에 놓고, 왼손은 등 뒤로 깊숙이 넣어 줄을 넘긴다. 옆 떨칠 때 줄 방향을 일자로 돌린다.

❷ 줄이 얼굴 앞을 지나기 전 오른손을 풀어 줄을 팔에 감는다.

❸ 오른손에 감은 줄을 왼쪽 무릎을 들어 무릎과 정강이 사이에 걸리게 한다.

❹ 중심을 잡고 팔을 옆으로 펼친다. 오른다리로 중심을 잘 잡고, 왼손은 펴지 않은 자세를 유지한다.

● 엘리트 짝줄 7급

사슬뛰기 엇걸어 풀어

❶ 준비 자세에서 줄 두 개 중 뒤에 있는 줄을 확인하고, A의 줄 한 쪽은 B가 잡고 B의 줄 한 쪽은 A가 잡는다.

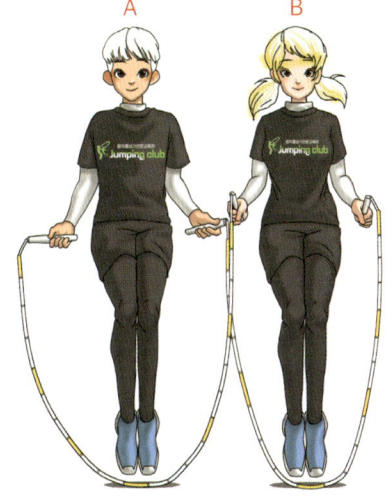

❷ A와 B가 함께 줄을 넘는다. 서로 호흡을 맞춰 줄을 같이 돌린다.

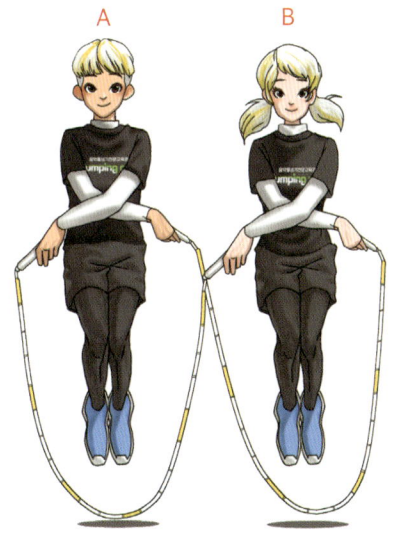

❸ A와 B가 함께 엇걸어 줄을 넘는다. 양손을 최대한 깊숙이 반대 옆구리로 넣는다.

❹ A와 B가 함께 앞 멈춤을 한다. 간격은 최대한 가까이 유지한다.

● 엘리트 짝줄 6급

사슬뛰기 몰아주기 회전

❶ 준비 자세에서 줄 두 개 중 뒤에 있는 줄을 확인한 후 넘는다. A의 줄 한 쪽은 B가 잡고, B의 줄 한 쪽은 A가 잡는다.

❷ A와 B는 양손을 모아 두 줄을 겹치게 해 B는 왼쪽으로 옆 떨치고, A는 돌면서 겹쳐진 줄을 넘는다.

❸ A와 B는 팔을 위로 올려 앞을 보면서 줄을 넘는다. 줄이 같은 속도로 돌아올 수 있도록 서로 맞춘다.

❹ A와 B가 함께 앞 멈춤을 한다. 간격은 최대한 가까이 유지한다.

● 엘리트 짝줄 5급

사슬뛰기 엇걸어 혼자 회전

❶ 준비 자세에서 A와 B는 함께 줄을 넘는다. 서로 호흡을 맞춰 같이 줄을 돌린다.

❷ A는 안쪽으로 옆 떨치며 돌고, B는 엇걸면서 넘는다. A는 양손을 모아 B가 엇걸어 넘는 것을 보고 돈다.

❸ A는 팔을 크게 돌려 바깥쪽으로 돌고, B는 엇걸어 풀어 넘는다.

❹ A와 B가 함께 앞 멈춤을 한다. 간격은 최대한 가까이 유지한다.

●엘리트 짝줄 4급

사슬뛰기 엇걸어 자리 이동

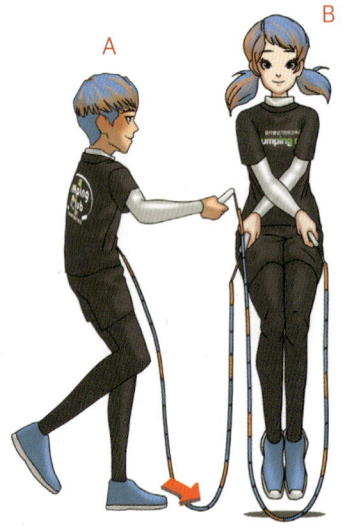

❶ 준비 자세에서 A와 B는 함께 줄을 넘고, A는 B 앞으로 이동한다. B 앞으로 이동했을 때 간격을 둔다.

❷ 서로 마주 보며 양손으로 옆 떨친다. A와 B의 손은 같은 방향으로 가야 한다.

❸ A는 180도 회전해 B 자리로 가고, B는 엇걸어 풀어 넘는다. 줄이 위에 있을 때 빠져나온다.

❹ A와 B가 함께 앞 멈춤을 한다. 간격은 최대한 가까이 유지한다.

● 엘리트 짝줄 3급

차이니즈 기본

❶ 준비 자세에서 줄 두 개 중 뒤에 있는 줄을 확인한 후 넘는다. A의 줄 한 쪽은 B가 잡고, B의 줄 한 쪽은 A가 잡는다.

❷ A의 줄을 먼저 돌리고, 그다음 B의 줄을 돌린다.

❸ A와 B의 줄을 번갈아가며 돌린다. 간격은 최대한 가까이 붙는다.

❹ 먼저 돌린 A의 줄부터 멈춘 다음 B의 줄을 멈춘다.

● 엘리트 짝줄 2급

차이니즈 혼자 회전

❶ 서로 상대의 줄을 잡고 A의 줄부터 돌린다. A의 줄이 머리 위에 있을 때 B의 줄을 돌린다.

❷ A가 B의 방향으로 회전한다. 한 줄은 머리 위로 돌리고 한 줄은 바닥을 친다.

❸ A는 한 바퀴 돌고, B는 계속 제자리 뛰기를 한다. 이때 간격이 멀리 떨어지지 않도록 주의한다.

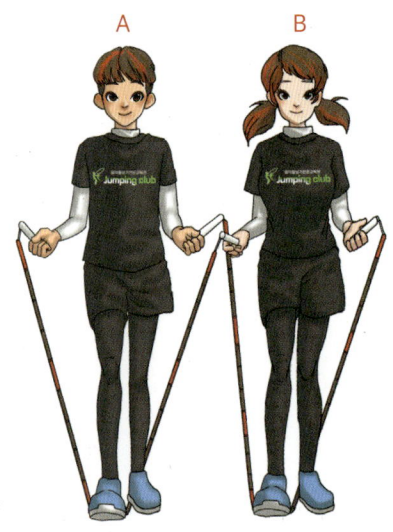

❹ 먼저 돌린 A의 줄부터 멈춘 다음 B의 줄을 멈춘다

● 엘리트 짝줄 1급

차이니즈 자리 이동 반 바퀴

❶ 서로 상대의 줄을 잡고 A의 줄부터 돌린다. A의 줄이 머리 위에 있을 때 B의 줄을 돌린다.

❷ A와 B가 서로 번갈아 가며 자리를 바꾼다. 자리를 바꿀 때 A는 뒤로, B는 앞으로 이동한다.

❸ B와 A가 서로 번갈아 가며 자리를 바꾼다. 자리를 바꿀 때 B는 뒤로, A는 앞으로 이동한다.

❹ 먼저 돌린 A의 줄부터 멈춘 다음 B의 줄을 멈춘다.

● 엘리트 긴 줄 7급

이동 방향 전환

❶ 긴 줄에 들어갈 때 박자에 맞춰 뛰어들어가 앞 떨쳐 줄을 넘는다. 긴 줄을 잘 응시하면서 박자에 맞춰 들어간다.

❷ ❶번 후 뒤로 뛰어넘은 줄을 이용해 뒤로 돌고, 앞으로 줄을 넘는다.

❸ ❷번 후 빠르게 옆 떨치며 뒤로 돌고, 뒤로 줄을 넘는다. 최대한 줄을 몸에 가깝게 옆 떨친다.

❹ 손을 가슴에 붙인 다음 뒤로 넘은 줄을 어깨에 걸고 나온다. 줄을 몸 뒤쪽에 밀착해 긴 줄에 걸리지 않도록 주의한다.

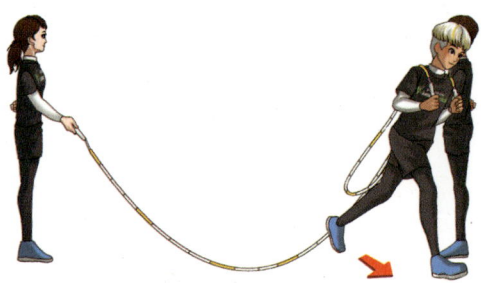

●엘리트 긴 줄 6급

나란히 뛰기 옆 떨쳐 모아뛰기 (3/4/3)

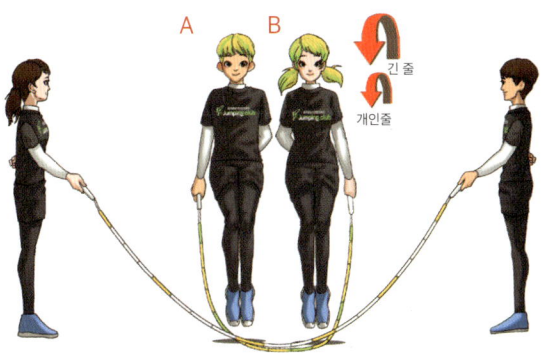

❶ A와 B가 함께 긴 줄 안에서 2도약을 세 번 넘는다. 줄을 돌릴 때 긴 줄과 속도를 같게 한다.

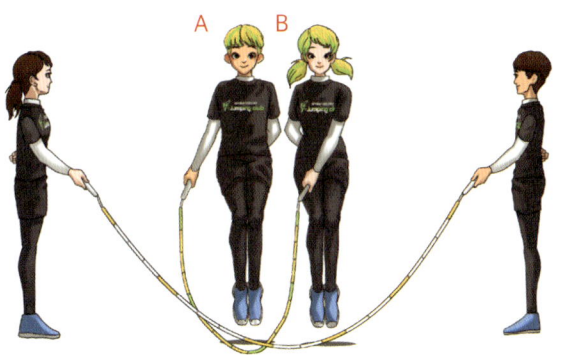

❷ A와 B가 함께 왼쪽으로 옆 떨치면서 A는 줄을 넘는다. B는 A가 잘 넘을 수 있도록 줄을 돌린다.

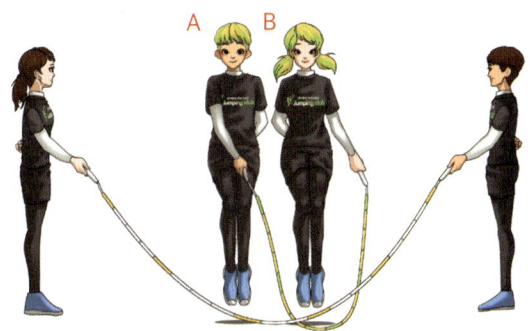

❸ A와 B가 함께 오른쪽으로 옆 떨치면서 B는 줄을 넘는다. ❷, ❸번 동작을 번갈아가며 총 네 번 넘는다.

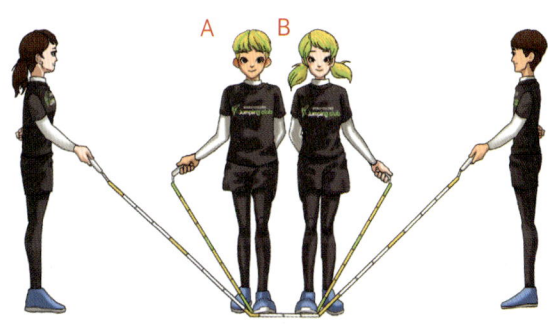

❹ 긴 줄과 함께 2도약을 세 번 넘은 후 앞 멈춘다. 줄을 넘을 때 서로 부딪치지 않도록 각자 팔을 허리 뒤로 붙인다.

● 엘리트 긴 줄 5급

나란히 뛰기 손 바꿔 앞·뒤·앞

❶ A와 B가 긴 줄과 함께 2도약으로 세 번 넘고, 바깥쪽으로 몸을 돌리면서 손을 바꿔 잡는다. 손은 얼굴 앞쪽에서 바꾼다.

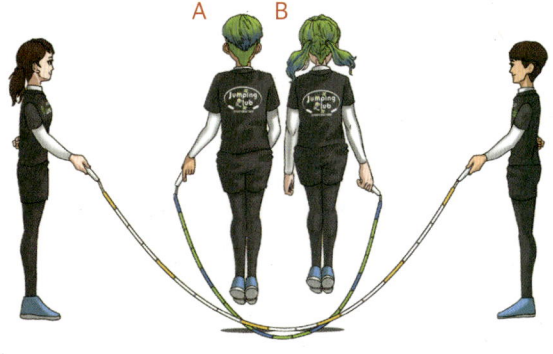

❷ A와 B는 뒤로 돌아 뒤로 2도약으로 세 번 넘는다. 팔을 밑으로 크게 돌리면서 높이 뛰어 줄이 다리에 걸리지 않게 한다.

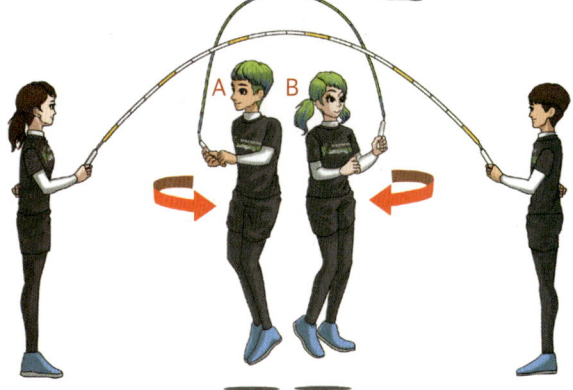

❸ ❷번 동작 세 번째 박자에 올라가는 줄을 이용해 바깥쪽으로 몸을 돌리면서 손을 바꿔 잡는다.

❹ 앞을 보고 긴 줄과 함께 2도약으로 세 번 넘은 후 앞 멈춘다. 간격이 벌어지지 않도록 주의한다.

● 엘리트 긴 줄 4급

나란히 뛰기 한 명 회전

❶ A와 B가 함께 긴 줄 안에서 2도약으로 세 번 넘는다. 줄을 돌릴 때 긴 줄과 속도를 맞춘다.

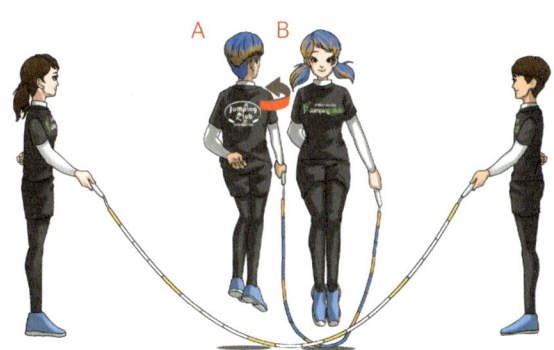

❷ A가 몸을 안쪽으로 360도 돌리면서 B가 줄을 잘 넘을 수 있도록 박자에 맞춰 줄을 돌린다.

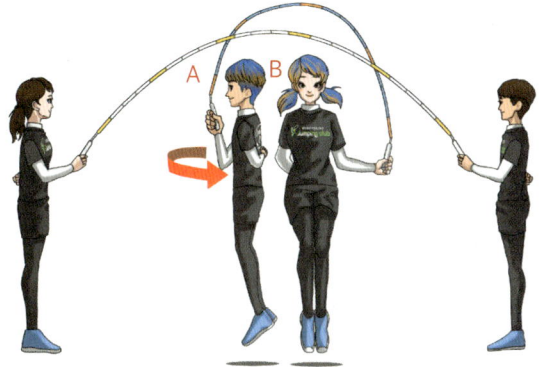

❸ 팔을 크게 돌려 정면을 바라본다. 같은 방법으로 반대쪽도 실행한다.

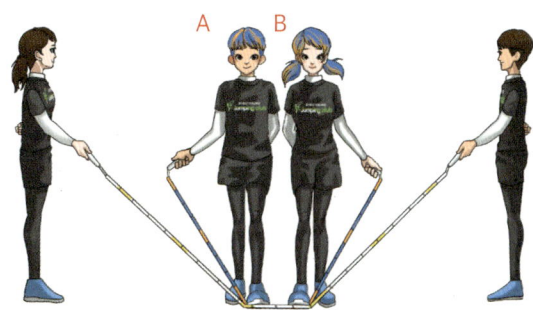

❹ 앞을 보고 긴 줄과 함께 2도약으로 세 번 넘은 후 앞 멈춘다. 간격이 벌어지지 않도록 주의한다.

● 엘리트 긴 줄 3급

나란히 뛰기 마주 보며 회전

❶ A와 B가 함께 긴 줄 안에서 2도약으로 세 번 넘는다. 줄을 돌릴 때 긴 줄과 속도를 맞춘다.

❷ 서로 마주 보고 안쪽으로 옆 떨치며 회전한다. 옆 떨칠 때 팔을 몸에 가깝게 붙인다.

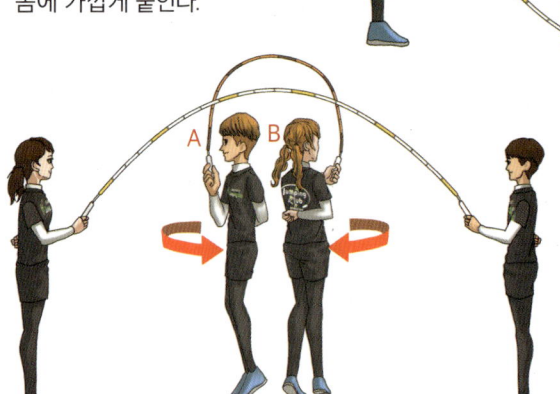

❸ ❷번 후 팔을 크게 돌리면서 360도 회전한다. 긴 줄과 박자를 맞춰 회전한다.

❹ 앞을 보고 긴 줄과 함께 2도약으로 세 번 넘은 후 앞 멈춘다. 간격이 벌어지지 않도록 주의한다.

● 엘리트 긴 줄 2급

나란히 뛰기 몰아주기 회전

❶ A와 B가 함께 긴 줄 안에서 2도약으로 세 번 넘는다. 줄을 돌릴 때 긴 줄과 속도를 맞춘다.

❷ A와 B가 함께 왼쪽으로 옆 떨치며 회전하고, A는 줄을 넘는다. A가 줄을 잘 넘을 수 있도록 박자를 맞춰 줄을 돌린다.

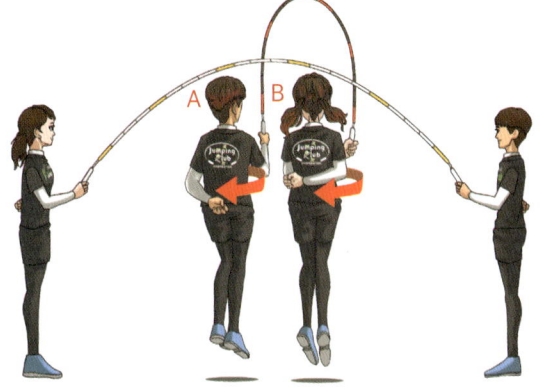

❸ ❷번 후 팔을 위로 크게 돌리면서 360도 회전한다. 회전 후 앞을 바라보고 줄을 내린다.

❹ 앞을 보고 긴 줄과 함께 2도약으로 세 번 넘은 후 앞 멈춘다. 안쪽 팔이 서로 부딪치지 않도록 각자 팔을 허리 뒤로 붙인다.

● 엘리트 긴 줄 1급

나란히 뛰기 등 마주 보며 회전

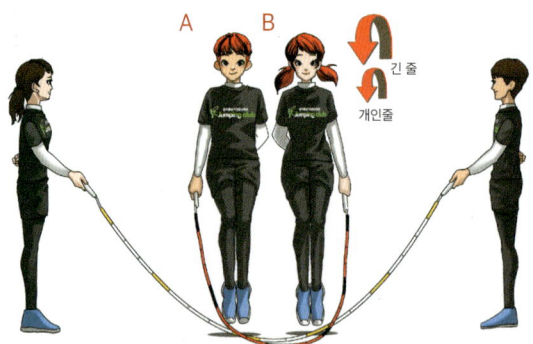

❶ A와 B가 함께 긴 줄 안에서 2도약으로 세 번 넘는다. 줄을 돌릴 때 긴 줄과 속도를 맞춘다.

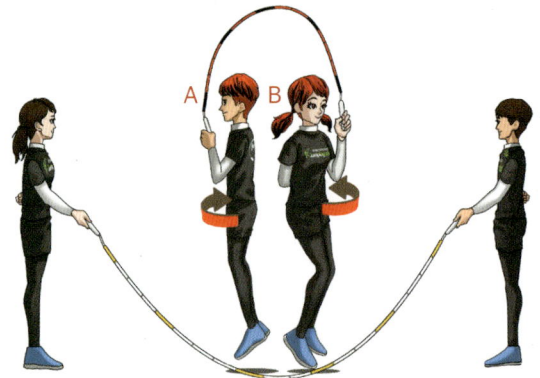

❷ A와 B는 함께 바깥쪽으로 옆떨침과 동시에 회전하면서 줄을 넘는다. 긴 줄을 잘 보면서 걸리지 않도록 주의한다.

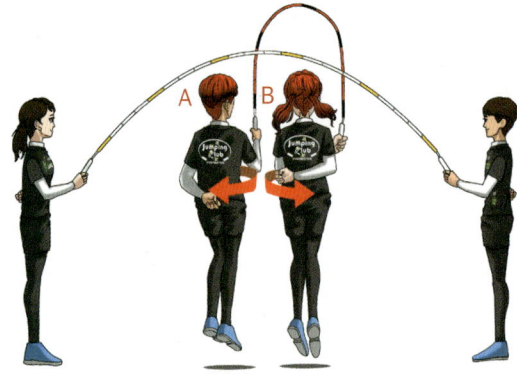

❸ ❷번 후 A와 B는 서로 마주 보며 360도 회전한다. 회전할 때 줄을 잡은 손이 부딪치지 않도록 주의한다.

❹ 앞을 보고 긴 줄과 함께 2도약으로 세 번 넘은 후 앞 멈춘다. 간격이 벌어지지 않도록 주의한다.

3단계

슈퍼 과정

● 슈퍼 개인줄 7급

01 되돌려 사이드 찍기

❶ 왼쪽 옆 떨치면서 오른손은 가슴 앞에 놓고, 왼손은 등 뒤로 깊숙이 넣어 줄을 머리 위로 넘긴다.

❷ 양손을 풀면서 왼다리를 왼쪽으로 뻗는다. 균형이 흐트러지지 않게 오른쪽 무릎을 굽힌다.

❸ 오른쪽 옆 떨치면서 왼손은 가슴 앞에 놓고, 오른손은 등 뒤로 깊숙이 넣어 줄을 머리 위로 넘긴다.

❹ 양손을 풀면서 오른다리를 오른쪽으로 뻗는다. 균형이 흐트러지지 않게 왼쪽 무릎을 굽힌다.

●슈퍼 개인줄 7급

02 옆 떨쳐 번갈아 엇걸어뛰기

❶ 양손을 왼쪽으로 모아 옆 떨치기를 하면서 번갈아 뛴다. 왼쪽 옆 떨치기를 할 때 오른손이 아래로 간다.

❷ 오른손은 그대로, 왼손은 오른쪽으로 엇걸면서 번갈아 넘는다.

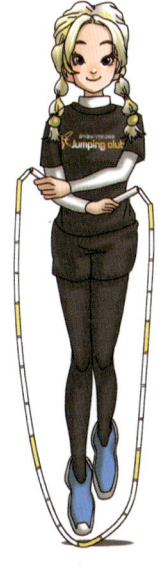

❸ 양손을 오른쪽으로 모아 옆 떨치기를 하면서 번갈아 뛴다. 오른쪽 옆 떨치기를 할 때 왼손이 아래로 간다.

❹ 왼손은 그대로, 오른손은 왼쪽으로 엇걸면서 번갈아 넘는다.

●슈퍼 개인줄 7급

03 앞 흔들어 보 주먹뛰기

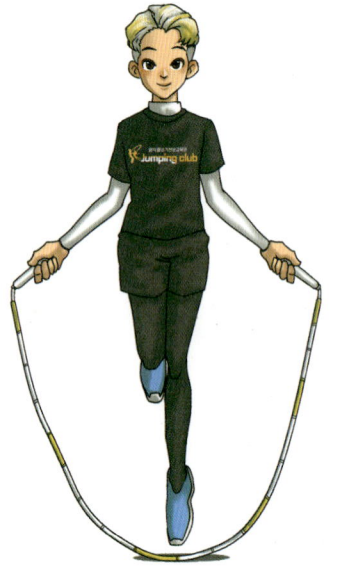

❶ 왼다리를 뒤로 접으면서 줄을 넘는다. 균형이 흐트러지지 않게 오른쪽 무릎을 굽힌다.

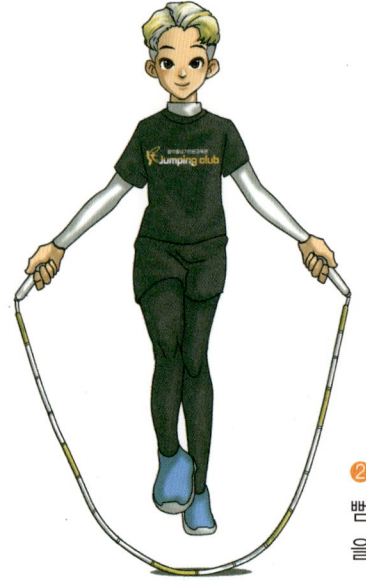

❷ 왼다리를 앞으로 뻗어 오른발로만 줄을 두 번 넘는다.

❸ 양발을 벌려 줄을 넘는다. 다리는 어깨너비만큼 벌린다.

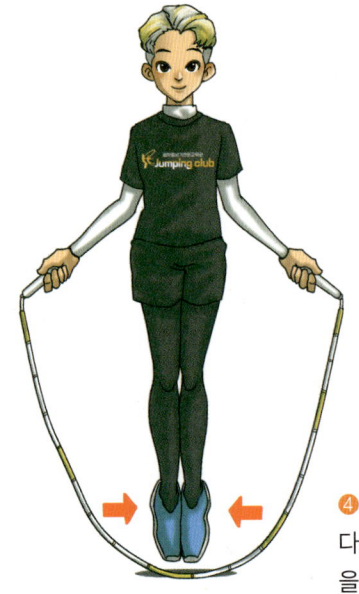

❹ 양발을 모아 줄을 넘는다. 도약하면서 다음 동작을 준비한다.

● 슈퍼 개인줄 7급

04 1.5중 되돌려 넘기

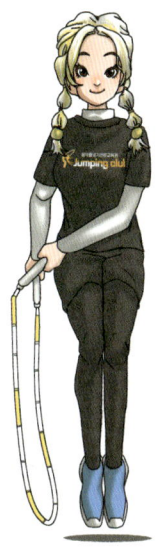

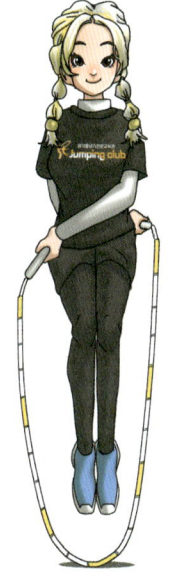

❶ 무릎을 굽히고 왼쪽 옆 떨치면서 뛴다. 옆 떨칠 때 왼손은 아래로, 오른손은 위로 붙인다.

❷ 공중에서 오른손은 가슴 앞에 놓고, 왼손은 등 뒤로 깊숙이 넣어 줄을 넘는다.

❸ 무릎을 굽히고 오른쪽 옆 떨치면서 뛴다. 오른쪽 옆 떨칠 때 오른손은 아래로, 왼손은 위로 붙인다.

❹ 공중에서 왼손은 가슴 앞에 놓고, 오른손은 등 뒤로 깊숙이 넣어 줄을 넘는다.

●슈퍼 개인줄 6급

01 되돌려 프론트 찍기

❶ 왼쪽 옆 떨치며 오른손은 가슴 앞에 놓고, 왼손은 등 뒤로 깊숙이 넣어 줄을 머리 위로 넘긴다.

❷ 양손을 풀면서 왼발 앞꿈치를 앞으로 뻗는다. 균형이 흐트러지지 않게 오른쪽 무릎을 굽힌다.

❸ 오른쪽 옆 떨치면서 왼손은 가슴 앞에 놓고, 오른손은 등 뒤로 깊숙이 넣어 줄을 머리 위로 넘긴다.

❹ 양손을 풀면서 오른발 앞꿈치를 앞으로 뻗는다. 균형이 흐트러지지 않게 왼쪽 무릎을 굽힌다.

●슈퍼 개인줄 6급

02 보 뒤들어 보 주먹뛰기

❶ 양발을 벌려 줄을 넘는다. 다리는 어깨너비만큼 벌린다.

❷ 왼다리를 뒤로 접으면서 줄을 넘는다. 균형이 흐트러지지 않게 오른쪽 무릎을 굽힌다.

❸ 다리를 어깨너비만큼 벌려 줄을 넘는다.

❹ 양발을 모아 줄을 넘는다. 최대한 손목을 이용해 줄을 돌린다.

●슈퍼 개인줄 6급

03 되돌려 두꺼비뛰기(토드)

❶ 왼쪽 옆 떨치면서 오른손은 가슴 앞에 놓고, 왼손은 등 뒤로 깊숙이 넣어 줄을 머리 위로 넘긴다.

❷ 왼쪽 무릎을 들고, 오른손을 왼쪽 허벅지 밑(오금)으로 넣어 줄을 넘는다. 왼손은 등 뒤에 고정한다.

❸ 오른쪽 옆 떨치면서 왼손은 가슴 앞에 놓고, 오른손은 등 뒤로 깊숙이 넣어 줄을 머리 위로 넘긴다.

❹ 오른쪽 무릎을 들고, 왼손을 오른쪽 허벅지 밑(오금)으로 넣어 줄을 넘는다. 오른손은 등 뒤에 고정한다.

● 슈퍼 개인줄 6급

04 송골매뛰기

❶ 양발을 모아 한 번 넘는다(1회전 1도약). 2중뛰기를 위한 도약 준비 자세이니 높이 뛰지 않는다.

❷ 공중에서 양발을 모아 두 번 넘는다(2회전 1도약). 2중뛰기를 할 때 줄을 빠르게 돌리기 위해 손목에 힘을 준다.

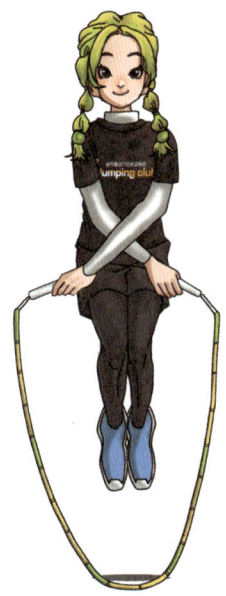

❸ 줄이 머리 위로 넘어올 때 양손을 엇건다. 무릎을 굽혀 2중뛰기를 준비한다.

❹ 엇건 손을 풀며 앞 멈춤 한다.

●슈퍼 개인줄 5급

01 되돌려 흔들어뛰기

❶ 왼쪽 옆 떨치면서 오른손은 가슴 앞에 놓고, 왼손은 등 뒤로 깊숙이 넣어 줄을 머리 위로 넘긴다.

❷ 양손을 풀고 왼다리를 왼쪽으로 뻗으면서 뛴다. 이때 발끝을 최대한 편다.

❸ 오른쪽 옆 떨치면서 왼손은 가슴 앞에 놓고, 오른손은 등 뒤로 깊숙이 넣어 줄을 머리 위로 넘긴다.

❹ 양손을 풀고 오른다리를 오른쪽으로 뻗으면서 뛴다. 이때 발끝을 최대한 편다.

●슈퍼 개인줄 5급

02 뒤 들어 모아 제기차기

❶ 왼발을 뒤로 들면서 줄을 넘는다. 균형이 흐트러지지 않게 오른쪽 무릎을 굽힌다.

❷ 양발을 모아 줄을 넘는다. 도약하면서 다음 동작을 준비한다.

❸ 제기를 차듯이 왼발을 오른발 앞으로 들면서 넘는다. 균형이 흐트러지지 않게 오른쪽 무릎을 굽힌다.

❹ 양발을 모아 줄을 넘는다. 최대한 손목을 이용해 줄을 돌린다.

●슈퍼 개인줄 5급

03 바깥 두꺼비뛰기 (인벌스 토드)

❶ 왼쪽 무릎을 들어 왼팔을 왼쪽 허벅지 밑(오금)으로 넣은 다음 오른팔을 왼쪽으로 엇걸면서 줄을 넘는다.

❷ 양손을 풀면서 양발을 모아 세 번 넘는다. 다음 동작을 위한 준비 자세이니 높이 뛰지 않는다.

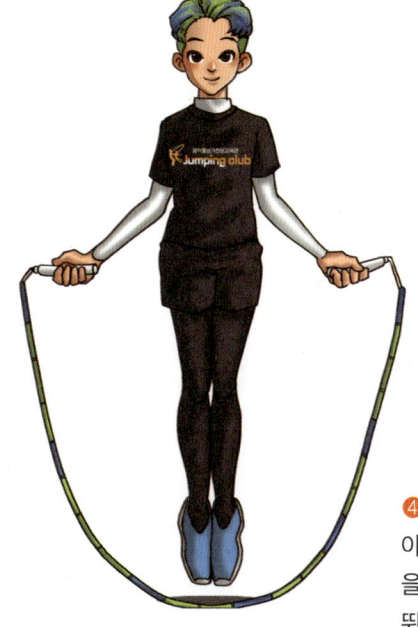

❸ 오른쪽 무릎을 들어 오른팔을 오른쪽 허벅지 밑으로 넣은 다음 왼팔을 오른쪽으로 엇걸면서 줄을 넘는다.

❹ 양손을 풀면서 양발을 모아 세 번 넘는다. 다음 동작을 위한 준비 자세이니 높이 뛰지 않는다.

●슈퍼 개인줄 5급

04 2.5중 모아뛰기(SOO)

❶ 무릎을 굽히고 왼쪽 옆 떨치면서 뛴다. 옆 떨칠 때 왼손은 아래로, 오른손은 위로 붙인다.

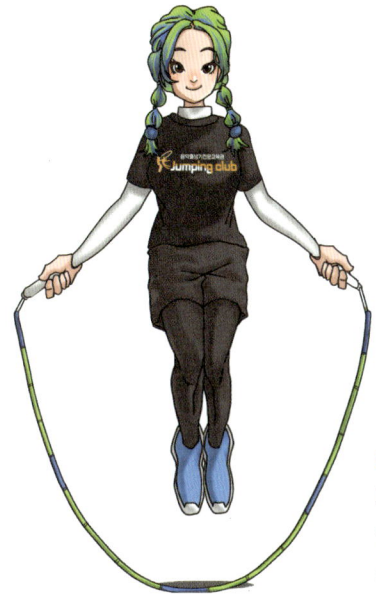

❷ 공중에서 두 번 줄을 넘는다(2회전 1도약). 2중뛰기를 할 때 줄을 빠르게 돌리기 위해 손목에 힘을 준다.

❸ 무릎을 굽히고 오른쪽 옆 떨치면서 뛴다. 옆 떨칠 때 오른손은 아래로, 왼손은 위로 붙인다.

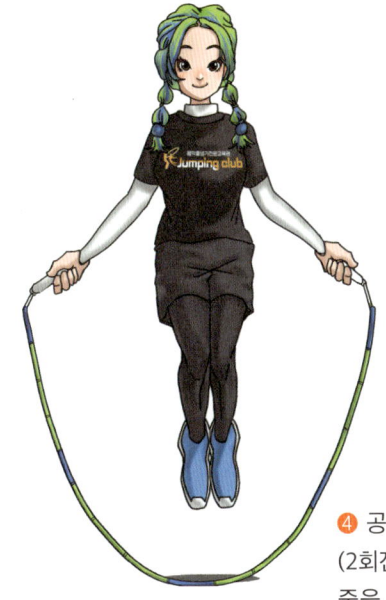

❹ 공중에서 두 번 줄을 넘는다(2회전 1도약). 2중뛰기를 할 때 줄을 빠르게 돌리기 위해 손목에 힘을 준다.

●슈퍼 개인줄 4급

01 뒤 되돌려 사이드 찍기

❶ 줄을 뒤로 넘기면서 왼손은 가슴 앞에 놓고, 오른손은 등 뒤로 깊숙이 넣어 줄을 머리 위로 넘긴다.

❷ 양손을 풀면서 왼다리를 왼쪽으로 뻗는다. 균형이 흐트러지지 않게 오른쪽 무릎을 굽힌다.

❸ 줄을 뒤로 넘기면서 오른손은 가슴 앞에 놓고, 왼손은 등 뒤로 깊숙이 넣어 줄을 머리 위로 넘긴다.

❹ 양손을 풀면서 오른다리를 오른쪽으로 뻗는다. 균형이 흐트러지지 않게 왼쪽 무릎을 굽힌다.

● 슈퍼 개인줄 4급

02 앞뒤앞 엇걸어뛰기

❶ 왼발을 앞으로 내밀면서 줄을 넘고, 오른쪽으로 90도 회전하면서 왼쪽으로 뒤 옆 떨친다.

❷ 오른쪽으로 90도 회전하면서 돌아오는 줄을 뒤로 엇걸어 넘는다. 이때 오른손은 고정하고 왼손을 엇걸어 넘는다.

❸ 양손을 풀고 오른쪽으로 180도 회전하면서 줄을 눈앞으로 넘긴다 (1회전 2도약).

❹ 정면을 바라보고 양발을 모아 줄을 네 번 넘는다. 도약하면서 다음 동작을 준비한다.

●슈퍼 개인줄 4급

03 코끼리뛰기(엘리펀트)

❶ 왼쪽 무릎을 들면서 양손을 허벅지 밑으로 엇걸어 줄을 넘는다.

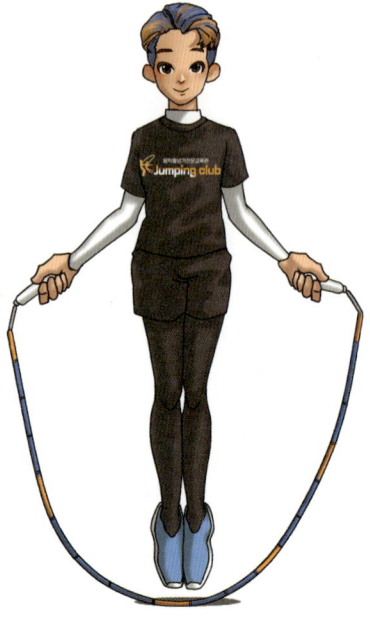

❷ 양손을 풀면서 양발을 모아 줄을 넘는다. 다음 동작을 위한 준비 자세이니 높이 뛰지 않는다.

❸ 오른쪽 무릎을 들면서 양손을 허벅지 밑으로 엇걸어 줄을 넘는다. 무릎을 최대한 높이 접어 올린다.

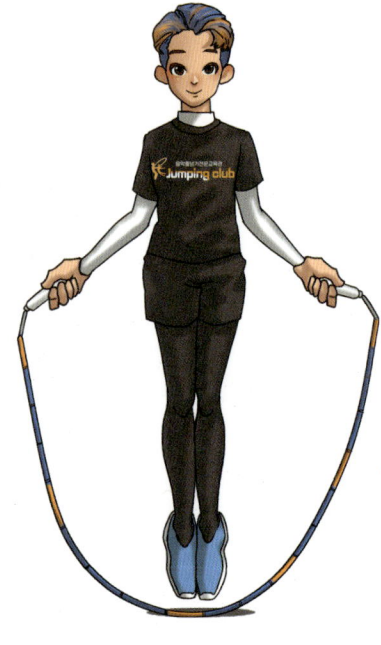

❹ 양손을 풀면서 양발을 모아 줄을 넘는다. 다음 동작을 위한 준비 자세이니 높이 뛰지 않는다.

● 슈퍼 개인줄 4급

04 2.5중 옆 떨쳐 모아뛰기(sso)

❶ 무릎을 굽히고 왼쪽 옆 떨치며 뛴다. 옆 떨칠 때 왼손은 아래로, 오른손은 위로 붙인다.

❷ 공중에서 첫 번째 줄을 오른쪽으로 옆 떨친다. 옆 떨칠 때 오른손은 아래로 왼손은 위로 붙인다.

❸ 옆 떨친 왼손을 풀면서 돌아오는 두 번째 줄을 넘는다. 발이 줄에 걸리지 않게 무릎을 굽힌다.

❹ 착지 후 양발을 모아 네 번 넘는다. 도약하면서 다음 동작을 준비한다.

●슈퍼 개인줄 3급

01 뒤 되돌려뛰기

❶ 왼쪽으로 뒤 옆 떨치면서 오른손을 등 뒤로 깊숙이 넣고, 왼손은 머리 위에서 가슴까지 되돌리기를 한다.

❷ 왼손은 왼쪽으로, 오른손은 오른쪽으로 풀고 왼다리를 왼쪽으로 뻗으면서 뛴다.

❸ 오른쪽으로 뒤 옆 떨치면서 왼손을 등 뒤로 깊숙이 넣고, 오른손은 머리 위에서 가슴까지 되돌리기를 한다.

❹ 오른손은 오른쪽으로, 왼손은 왼쪽으로 풀고 오른다리를 오른쪽으로 뻗으면서 뛴다.

● 슈퍼 개인줄 3급

02 좌우 벌려 팔 감아 엇걸어뛰기

❶ 왼쪽으로 옆 떨치고 왼쪽 손목에 줄을 감으면서 양발을 벌렸다 모은다.

❷ 오른쪽으로 옆 떨치고, 왼쪽 손목에 감은 줄을 풀면서 양발을 모아 엇걸어 넘는다.

❸ 오른쪽으로 옆 떨치고 손목에 줄을 감으면서 양발을 벌렸다 모은다.

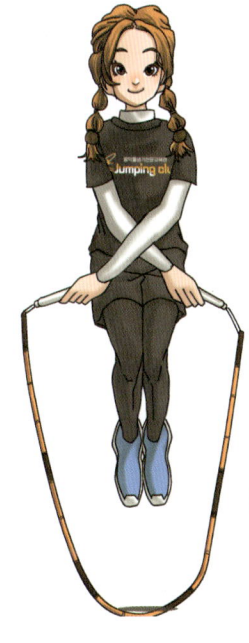

❹ 왼쪽 바닥으로 옆 떨치고, 오른쪽 손목에 감은 줄을 풀면서 양발을 모아 엇걸어 넘는다.

●슈퍼 개인줄 3급

03 개구리-두꺼비뛰기 (크루거-토드)

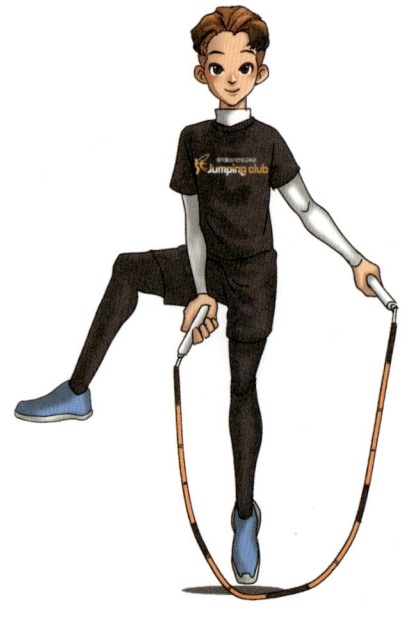

❶ 왼다리를 바깥으로 들고 허벅지 안쪽으로 왼손을 깊숙이 넣으면서 줄을 넘는다.

❷ 오른다리를 들고 허벅지 밑으로 왼손을 깊숙이 넣으면서 양손을 엇걸어 넘는다.

❸ 오른다리를 바깥으로 들고 허벅지 밑으로 오른손을 깊숙이 넣으면서 줄을 넘는다.

❹ 왼다리를 들고 허벅지 밑으로 오른손을 깊숙이 넣으면서 양손을 엇걸어 줄을 넘는다.

● 슈퍼 개인줄 3급

04　2.5중 옆 떨쳐 엇걸어 풀어뛰기(sco)

❶ 무릎을 굽히고 왼쪽 옆 떨치며 뛴다. 옆 떨칠 때 왼손은 아래로, 오른손은 위로 붙인다.

❷ 공중에서 양손을 엇걸어 줄을 넘는다. 무릎은 살짝 굽힌다.

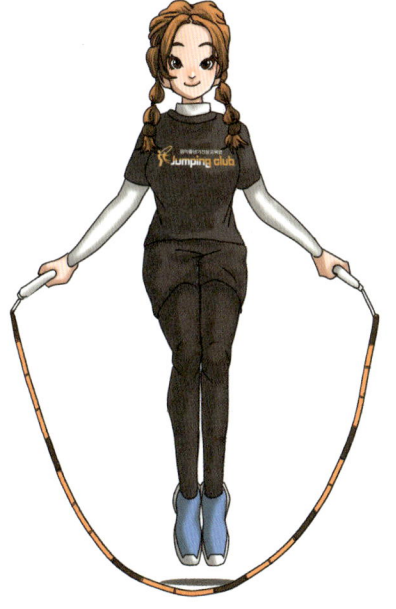

❹ 착지 후 양발을 모아 네 번 줄을 넘는다. 최대한 손목을 이용해 줄을 돌린다.

❸ 엇걸어 돌아오는 줄을 풀면서 넘는다. 무릎을 살짝 굽힌다.

● 슈퍼 개인줄 2급

01 두꺼비 팔 감기 (토드W)

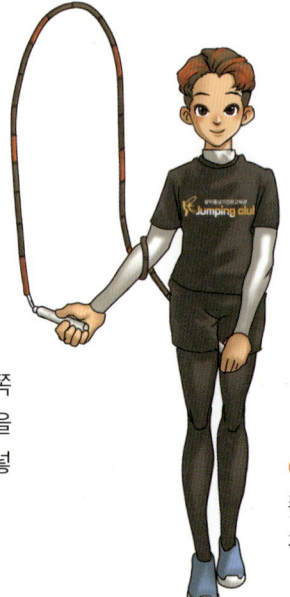

❶ 왼쪽 옆 떨치며 왼쪽 무릎을 들고, 오른손을 왼쪽 허벅지 밑으로 넣는다.

❷ 왼쪽 무릎을 내리면서 왼쪽 손목에 줄을 한 번만 살짝 감는다.

❸ 왼손을 오른쪽으로 옆 떨치면서 손목에 감긴 줄을 푼다. 허벅지 밑에 있는 오른손은 고정한다.

❹ 허벅지 밑에 있는 오른손을 풀면서 오른다리를 뒤로 들어 줄을 넘는다.

●슈퍼 개인줄 2급

02 되돌려 팔 감아 앞들어 모아뛰기

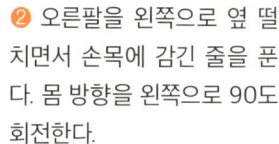

❶ 왼쪽으로 옆 떨치면서 오른발을 앞으로 내밀고, 오른쪽으로 되돌아오는 줄을 오른쪽 손목에 감는다.

❷ 오른팔을 왼쪽으로 옆 떨치면서 손목에 감긴 줄을 푼다. 몸 방향을 왼쪽으로 90도 회전한다.

❹ 무릎을 들어 줄을 넘고, 양발을 모아 넘는다. 양쪽 모두 앞들어 모아뛰기를 한다.

❸ 앞을 보면서 양손을 풀어 돌아오는 줄을 넘는다. 몸 방향을 오른쪽으로 90도 회전한다.

● 슈퍼 개인줄 2급

03 두꺼비-개구리뛰기 (토드-크루거)

❶ 왼다리를 들고 허벅지 밑으로 오른손을 깊숙이 넣으면서 양손을 엇걸어 줄을 넘는다.

❷ 오른다리를 바깥으로 들고 허벅지 밑으로 오른손을 깊숙이 넣으면서 줄을 넘는다.

❸ 오른쪽 무릎을 내리면서 돌아오는 줄을 엇걸어 넘는다. 발이 줄에 걸리지 않게 무릎을 굽힌다.

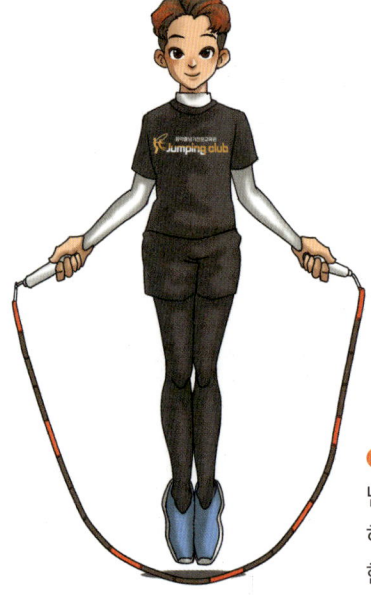

❹ 양발을 모아 한 번 줄을 넘는다(1회전 1도약). 도약하면서 다음 동작을 준비한다.

●슈퍼 개인줄 2급

04 2.5중 옆 떨쳐 모아 엇걸어뛰기(SOC)

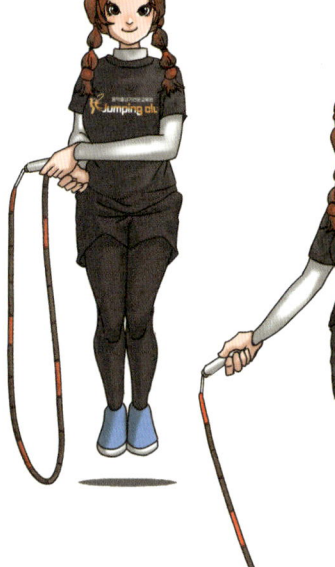

❶ 무릎을 굽히고 왼쪽 옆 떨치며 뛴다. 옆 떨칠 때 왼손은 아래로, 오른손은 위로 붙인다.

❷ 공중에서 두 팔을 벌려 첫 번째 줄을 넘는다. 발이 줄에 걸리지 않도록 무릎을 굽힌다.

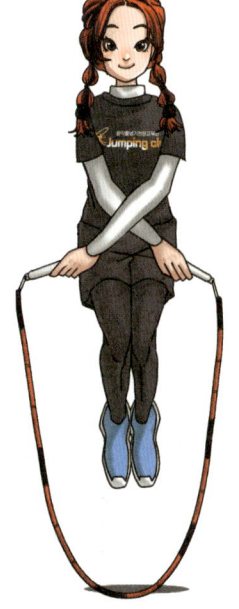

❸ 돌아오는 줄을 엇걸면서 두 번째 줄을 넘는다. 점프 한 번으로 공중에서 줄을 두 번 넘어야 한다.

❹ 엇걸어 있는 줄을 풀면서 양발을 모아 네 번 넘는다. 도약하면서 다음 동작을 준비한다.

●슈퍼 개인줄 1급

01 바깥 두꺼비 팔 감기 (인벌스 토드W)

❶ 옆 떨치면서 오른쪽 무릎을 들고 오른손을 허벅지 밑 바깥에서 안쪽으로 넣는다.

❷ 오른쪽 무릎을 내리면서 왼팔을 옆으로 내밀고 줄을 손목에 감는다.

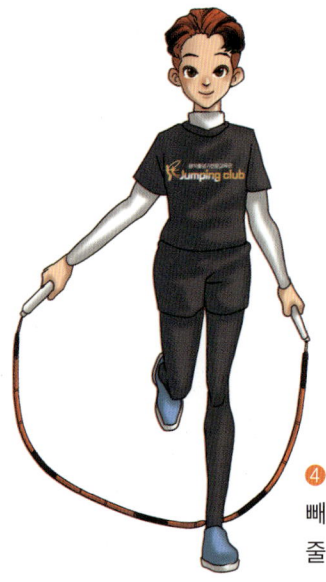

❸ 왼팔을 오른쪽으로 옆 떨치면서 손목에 감긴 줄을 손목 스냅을 이용해 푼다.

❹ 허벅지 밑에 있는 손을 빼고 왼다리를 뒤로 들면서 줄을 넘는다.

● 슈퍼 개인줄 1급

02 지그재그 힐

❶ 양발을 벌리면서 줄을 넘는다. 양발을 어깨너비만큼 벌려 다음 동작을 준비한다.

❷ 왼발을 앞으로 내밀어 다리를 X자로 만들면서 줄을 넘는다.

❸ 왼쪽 뒤꿈치를 대각선으로 내밀면서 넘는다. 균형이 흐트러지지 않게 오른쪽 무릎을 굽힌다.

❹ 양발을 모아 줄을 넘는다. 도약하면서 다음 동작을 준비한다.

● 슈퍼 개인줄 1급

03 두꺼비 되돌려 넘어 모아뛰기(토드-EB-O)

❶ 왼다리를 들고 허벅지 밑으로 오른손을 깊숙이 넣으면서 양손을 엇걸어 넘는다.

❷ 오른쪽으로 옆 떨쳐 뛰면서 왼다리를 내린다.

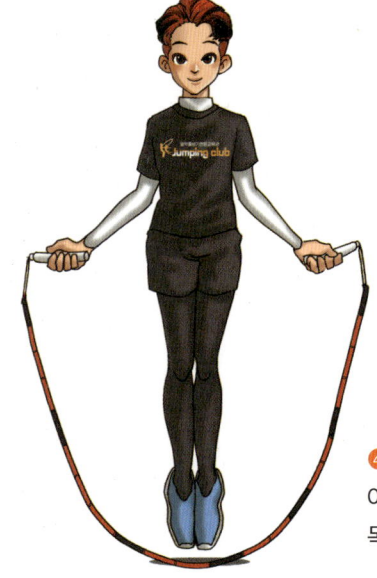

❸ 왼손은 가슴 앞에 놓고, 오른손은 등 뒤로 깊숙이 넣어 줄을 머리 위로 넘긴다.

❹ 양손을 풀면서 양발을 모아 줄을 넘는다. 최대한 손목을 이용해 줄을 돌린다.

● 슈퍼 개인줄 1급

04 2.5중 옆 떨쳐 엇걸어뛰기(SCC)

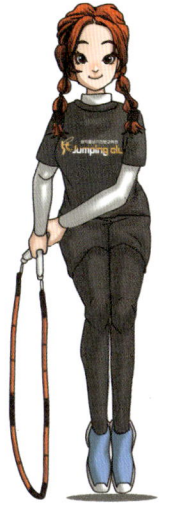

❶ 무릎을 굽히고 왼쪽 옆 떨치며 뛴다. 옆 떨칠 때 왼손은 아래로, 오른손은 위로 붙인다.

❷ 공중에서 양손을 엇걸어 두 번 줄을 넘는다(2회전 1도약). 2중뛰기를 할 때 줄을 빠르게 돌리기 위해 손목에 힘을 준다.

❸ 무릎을 굽히고 오른쪽 옆 떨치며 뛴다. 옆 떨칠 때 오른손은 아래로, 왼손은 위로 붙인다.

❹ 공중에서 양손을 엇걸어 두 번 줄을 넘는다(2회전 1도약). 2중뛰기를 할 때 줄을 빠르게 돌리기 위해 손목에 힘을 준다.

● 슈퍼 짝줄 7급

차이니즈 자리 이동

❶ A가 뒤로, B가 앞으로 겹치도록 자리를 이동한다. A는 오른발부터, B는 왼발부터 움직인다.

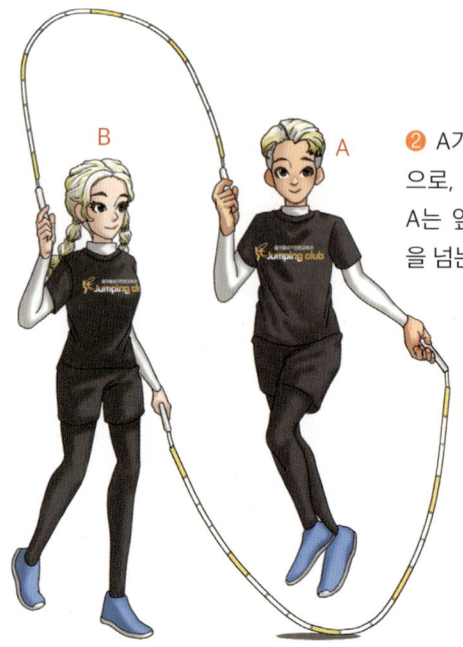

❷ A가 줄을 넘으면서 앞으로, B는 뒤로 이동한다. A는 앞으로 나가면서 줄을 넘는다.

❸ B가 뒤로, A가 앞으로 겹치도록 자리를 이동한다. B는 오른발부터, A는 왼발부터 움직인다.

❹ 처음 준비 자리로 돌아와 차이니즈 기본뛰기를 한다. 간격이 너무 벌어지지 않도록 주의한다.

●슈퍼 짝줄 6급

차이니즈 엇걸어 풀어

❷ 왼손은 줄을 위로 돌리고 오른손을 엇걸어 A가 줄을 넘는다. A가 줄에 걸리지 않도록 B는 줄을 잘 돌린다.

❶ A와 B는 차이니즈 기본뛰기를 하면서 왼손을 엇걸어 B가 줄을 넘는다. 오른손은 위로 줄을 돌리고 왼손은 서로 높이를 맞춘다.

❸ A와 B는 왼손부터 풀면서 A가 줄을 넘는다. 오른손은 어깨 높이까지 올린다.

❹ 오른손도 풀면서 차이니즈 기본뛰기로 돌아온다. 간격이 너무 벌어지지 않도록 주의한다.

● 슈퍼 짝줄 5급

차이니즈 엇걸어 회전

❶ 차이니즈 기본뛰기를 하면서 A는 왼손을 떨치며 뒤로 돌고, B는 왼손을 엇걸면서 줄을 넘는다.

❷ A는 앞으로 돌면서 왼손은 위로, 오른손은 아래로 줄을 돌린다. B는 오른손을 엇걸면서 뛴다.

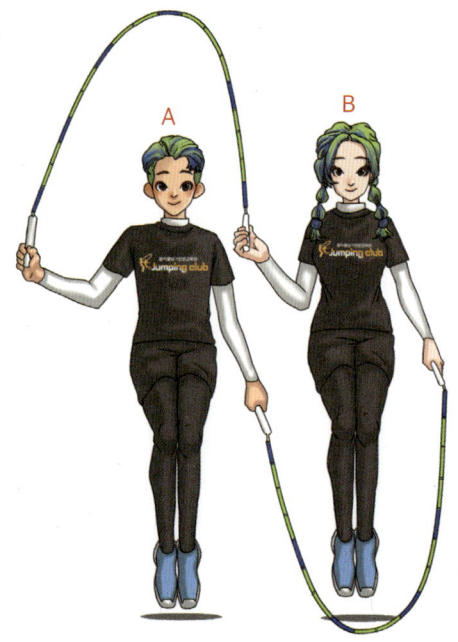

❸ B는 왼손을 풀면서 뛰고, A는 왼손 줄을 넘는다. 간격이 너무 벌어지지 않도록 주의한다.

❹ B는 오른손을 풀면서 차이니즈 기본뛰기를 한다.

●슈퍼 짝줄 4급

차이니즈 더블 엇걸어 풀어

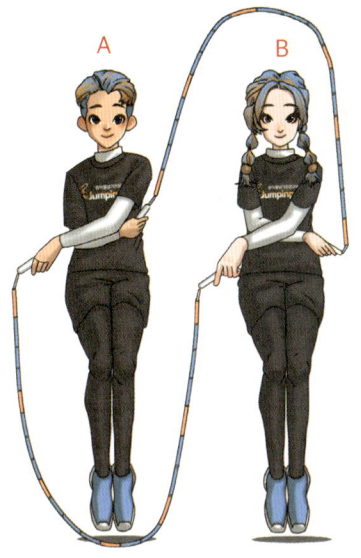

❶ 차이니즈 기본뛰기를 하면서 왼손과 오른손 순으로 차이니즈 엇걸어뛰기를 한다.

❷ 왼손을 풀면서 A가 줄을 넘는다. 오른손을 풀지 않고 그대로 엇걸어 A가 넘는다. 오른손은 어깨 높이까지 올린다.

❸ 왼손을 오른손 위로 엇걸면서 B가 줄을 넘는다. 간격이 너무 벌어지지 않도록 주의한다.

❹ 오른손과 왼손 순으로 풀면서 차이니즈 기본뛰기를 한다.

●슈퍼 짝줄 3급

차이니즈 몰아주기 회전

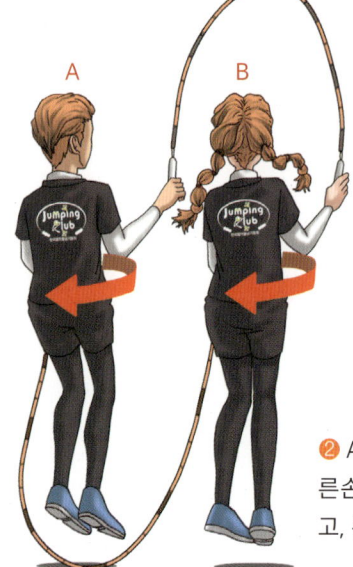

❶ 차이니즈 기본뛰기를 하면서 왼손으로 잡은 줄을 A가 넘으면서 A와 B가 동시에 몸을 회전한다.

❷ A와 B가 뒤로 돌아 A가 오른손으로 잡은 줄을 뒤로 넘고, 왼손은 위로 올린다.

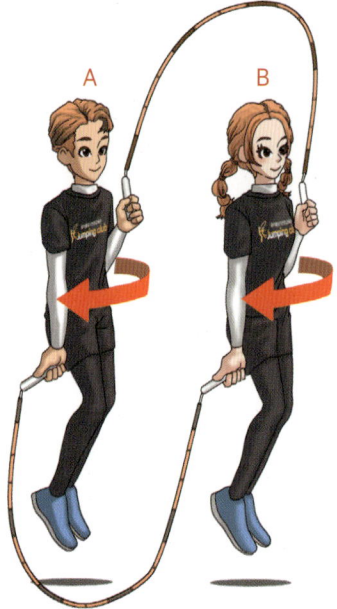

❸ 왼손 줄을 내리면서 A와 B가 몸을 돌려 A가 넘고, 오른손은 위로 올린다.

❹ 앞을 보고 오른손 줄을 B가 넘으면서 차이니즈 기본뛰기를 한다.

● 슈퍼 짝줄 2급

차이니즈 자리 이동 회전

❶ 차이니즈 기본뛰기를 하면서 A는 앞으로, B는 뒤로 겹치도록 자리를 이동한다.

❷ A는 몸을 앞으로 돌리면서 오른손 줄을 넘고, B는 앞을 보면서 왼손 줄을 넘을 준비를 한다.

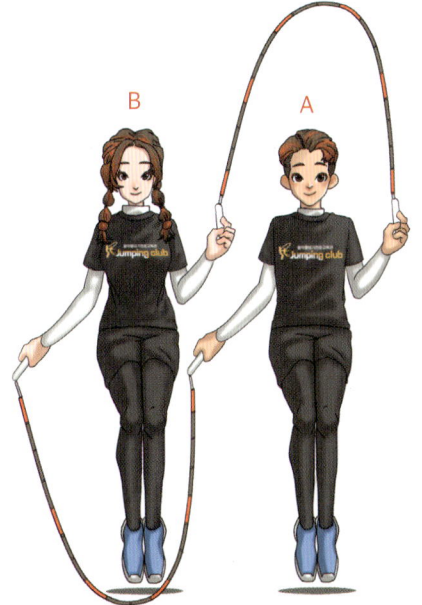

❸ B는 왼손 줄을 앞으로 나오면서 넘는다. 간격이 너무 벌어지지 않도록 주의한다.

❹ A와 B는 자리가 바뀐 상태로 차이니즈 기본뛰기를 한다. 간격이 너무 벌어지지 않도록 주의한다.

● 슈퍼 짝줄 1급

차이니즈 슈퍼 연결 동작

❶ A와 B는 차이니즈 자리 이동을 하고 A가 제자리로 돌아오면 왼손을 밑으로 내리면서 차이니즈 회전을 한다.

❷ A는 앞을 보면서 왼손부터 차이니즈 엇걸어 풀어를 하고, B는 차이니즈 회전을 하면서 왼손을 엇걸어 넘는다.

❸ 오른손 줄을 풀어 넘으면서 B부터 차이니즈 몰아주기 회전을 한다. 곧이어 A도 차이니즈 몰아주기 회전을 한다.

❹ A가 차이니즈 몰아주기 회전을 하고 왼손을 내릴 때 A는 앞으로, B는 뒤로 차이니즈 자리 이동 회전을 한다.

● 슈퍼 긴 줄 7급

사슬뛰기(3/4/3)

❶ 긴 줄 안에서 A는 오른손, B는 왼손 손잡이를 엇걸어 잡고 양발을 모아 준비한다. A와 B의 양발 뒤로 모든 줄이 위치해야 한다.

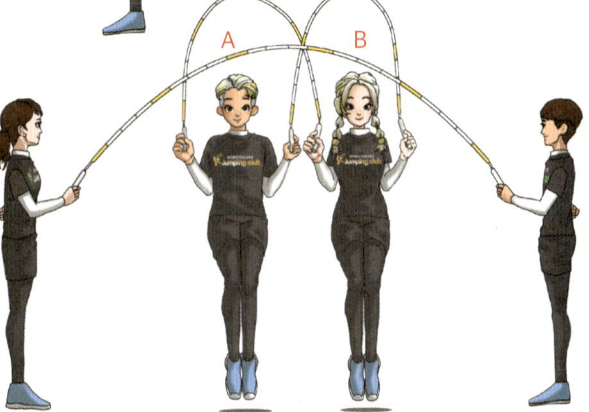

❷ 긴 줄 안에서 A와 B가 동시에 양발을 모아(2도약) 세 번 줄을 넘는다. 긴 줄 안에서 도는 개인줄과 긴 줄이 함께 어울려 돌아야 한다.

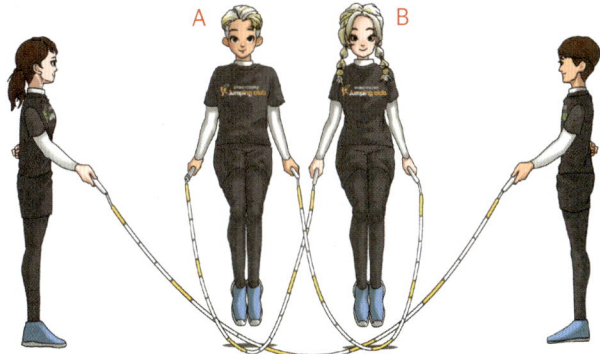

❸ ❷번 동작 후 A와 B가 동시에 양발을 모아(1도약) 네 번 줄을 넘는다. 긴 줄은 2도약 박자로 돌리고, 개인줄과 함께 어울려 돌아야 한다.

❹ ❸번 동작 후 A와 B가 동시에 양발을 모아(2도약) 세 번 줄을 뛰어넘으면서 A는 오른발, B는 왼발을 앞으로 내밀어 앞 멈춤 한다.

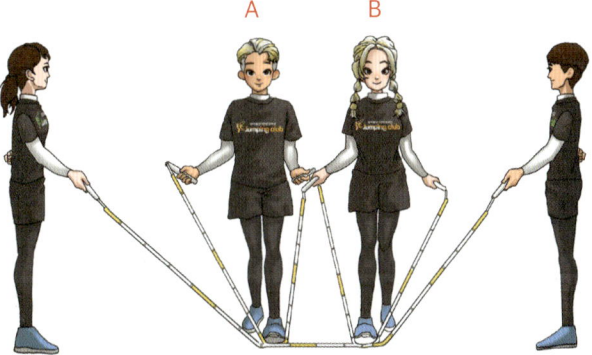

● 슈퍼 긴 줄 6급

사슬뛰기 몰아주기 (3/4/3)

❶ 긴 줄 안에서 A는 오른쪽, B는 왼쪽 손잡이를 엇걸어 잡고 양발을 모아 준비한다. A와 B의 양발 뒤로 모든 줄이 위치해야 한다.

❷ A는 양손을 모아 왼쪽 옆 떨치고, B는 양손을 모아 A의 오른쪽 바닥을 옆 떨쳐 A에게 줄을 몰아주고 A는 줄을 넘는다. A에게 줄을 몰아줄 때 B도 함께 양발을 모아(2도약) 뛰어넘는다.

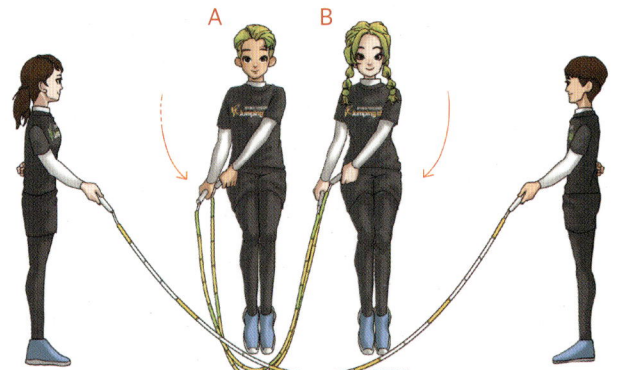

❸ ❷번 동작 후 B는 양손을 모아 오른쪽 옆 떨치고, A는 양손을 모아 B의 왼쪽 바닥을 옆 떨쳐 B에게 줄을 몰아주고 B는 줄을 넘는다. A와 B가 양쪽으로 한 번씩 번갈아가며 네 번 양발을 모아(2도약) 줄을 뛰어넘는다.

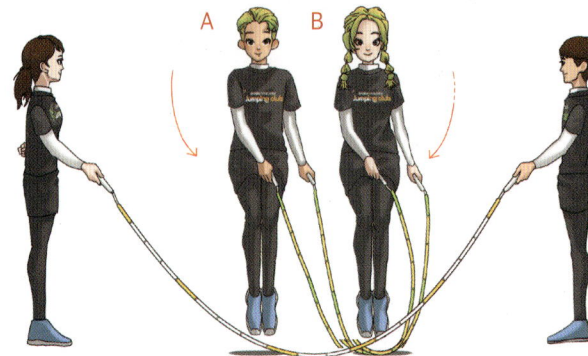

❹ ❸번 동작 후 A와 B는 양발을 모아(2도약) 세 번 줄을 넘으면서 A는 오른발, B는 왼발을 앞으로 내밀어 앞 멈춤 한다.

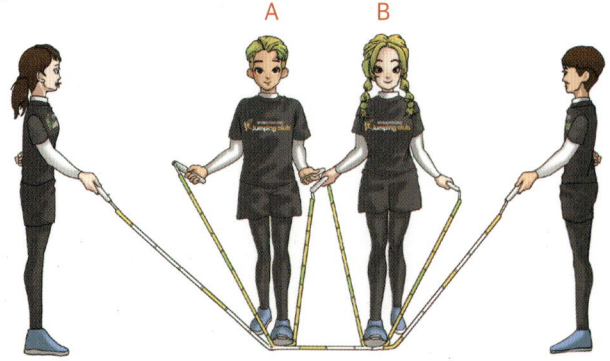

●슈퍼 긴 줄 5급

사슬뛰기 엇걸어 풀어(3/4/3)

❶ 긴 줄 안에서 A는 오른쪽, B는 왼쪽 손잡이를 엇걸어 잡고 양발을 모아 준비한다. A와 B의 양발 뒤로 모든 줄이 위치해야 한다.

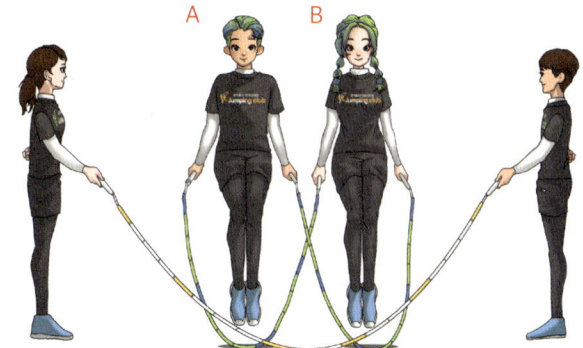

❷ 긴 줄 안에서 양발을 모아(2도약) 세 번 줄을 넘는다. 긴 줄과 개인줄이 함께 어울려 돌아야 한다.

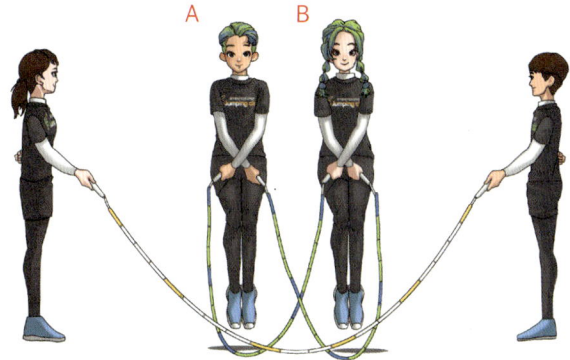

❸ ❷번 동작 후 A는 왼손, B는 오른손 같은 방향으로 X자 모양을 만들어 깊숙이 엇걸어 뛰어넘고, 양손을 풀면서 양발을 모아(2도약) 네 번 줄을 넘는다. A와 B는 양손 위치를 맞춰야 한다.

❹ ❸번 동작 후 A와 B는 양발을 모아(2도약) 세 번 줄을 넘으면서 A는 오른발, B는 왼발을 앞으로 내밀어 앞 멈춤 한다.

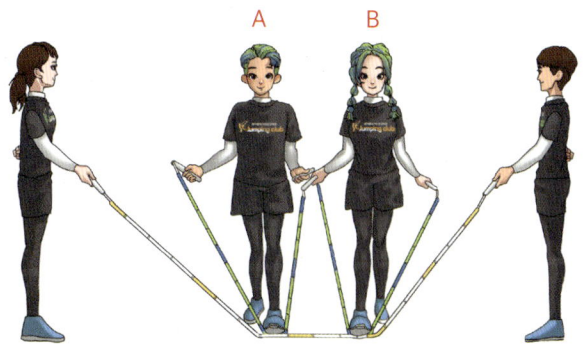

● 슈퍼 긴 줄 4급

사슬뛰기 한 명 회전(3/3/3)

❶ 긴 줄 안에서 A는 오른쪽, B는 왼쪽 손잡이를 엇걸어 잡고 양발을 모아 준비한다. A와 B의 양발 뒤로 모든 줄이 위치해야 한다.

❷ A와 B가 동시에 양발을 모아(2도약) 세 번 줄을 넘은 다음, A가 B 방향으로 바닥을 옆 떨치고 180도 회전하면서 줄을 넘는다. A가 회전할 때 B는 양발을 모아(2도약) 줄을 넘는다.

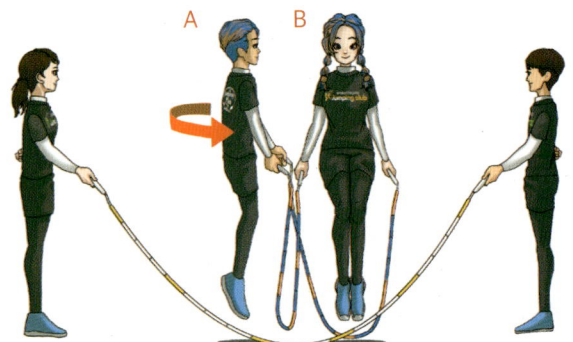

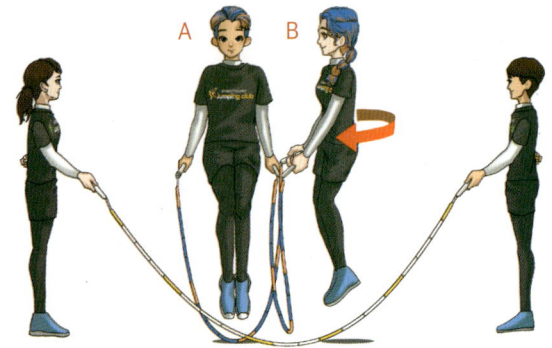

❸ ❷번 동작 후 B가 A 방향으로 바닥을 옆 떨치고 180도 회전하며 줄을 넘는다. B가 회전할 때 A는 양발을 모아(2도약) 줄을 넘는다.

❹ ❸번 동작 후 A와 B는 양발을 모아(2도약) 세 번 줄을 넘고 긴 줄과 동시에 앞 멈춤 한다.

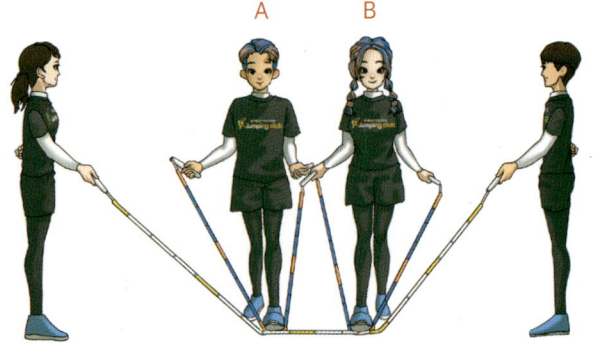

● 슈퍼 긴 줄 3급

차이니즈 기본뛰기(4)

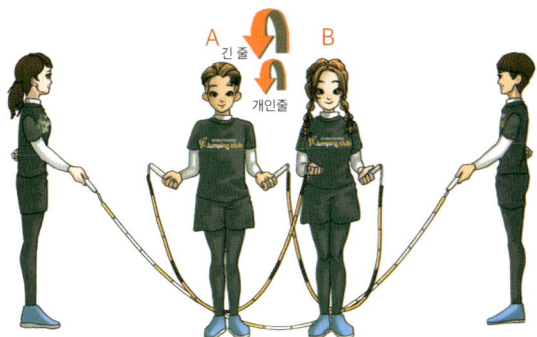

❶ 긴 줄 안에서 A는 오른쪽, B는 왼쪽 손잡이를 엇걸어 잡고 양발을 모아 준비한다. A와 B의 양발 뒤로 모든 줄이 위치해야 한다.

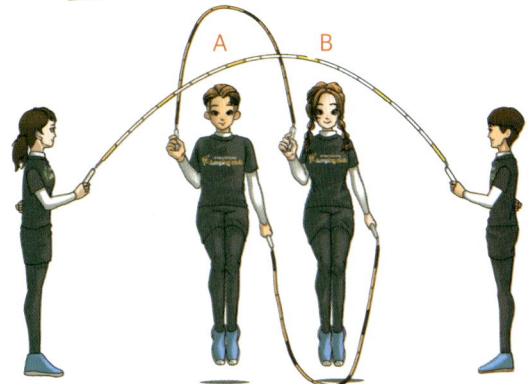

❷ A는 왼손 줄을 위로 돌리고 오른손 줄을 B의 개인줄 방향으로 엇걸어 넘는다. A는 오른손으로 B의 개인줄 방향 줄이 잘 돌아가도록 도와준다.

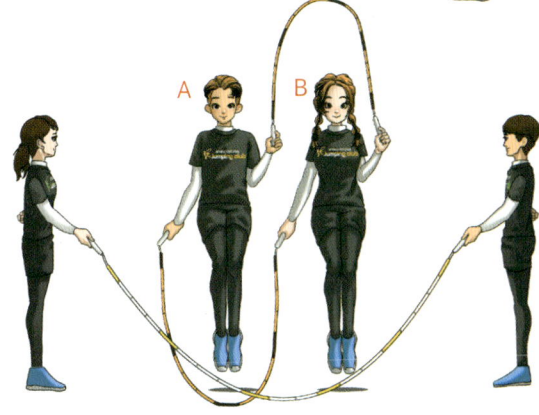

❸ ❷번 동작 후 B는 오른손 줄을 위로 돌리고 왼손 줄을 A의 개인줄 방향으로 엇걸어 넘는다. B는 왼손으로 A의 개인줄 방향 줄이 잘 돌아가도록 도와준다.

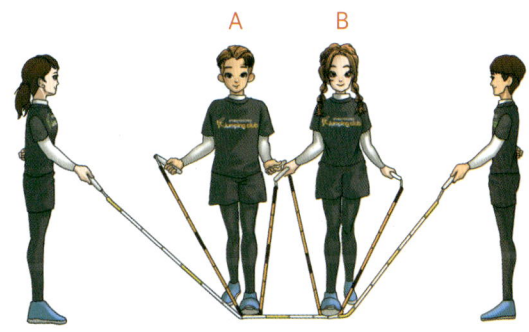

❹ A는 줄넘기를 멈추면서 오른발을 앞으로 내밀고, B는 줄넘기를 멈추면서 왼발을 앞으로 내밀어 앞 멈춤 한다. 긴 줄도 앞 멈춤 한 발에 줄이 닿을 수 있도록 도와준다.

● 슈퍼 긴 줄 2급

차이니즈 엇걸어 풀어 (3/4/3)

❶ 긴 줄 안에서 A는 오른쪽, B는 왼쪽 손잡이를 엇걸어 잡고 양발을 모아 준비한다. A와 B의 양발 뒤로 모든 줄이 위치해야 한다.

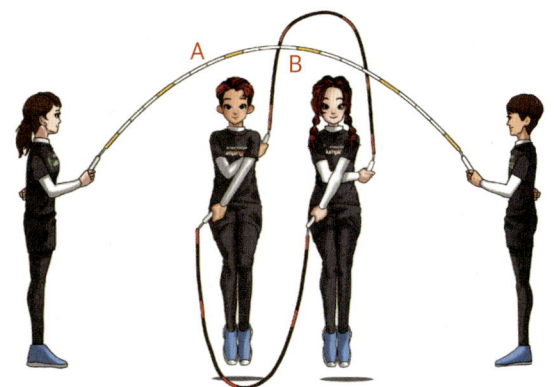

❷ A와 B는 양발을 모아(2도약) 세 번 줄을 뛰어넘은 다음 오른손을 깊숙이 엇걸어 넘으면서 A의 왼손은 B의 머리 방향으로, B의 왼손은 오른쪽 머리 위에서 줄을 엇건다.

❸ ❷번 동작 후 A와 B는 왼손을 밑으로 깊숙이 엇걸고 오른손은 머리 위 방향으로 해 양발을 모아(1도약) 줄을 넘는다.

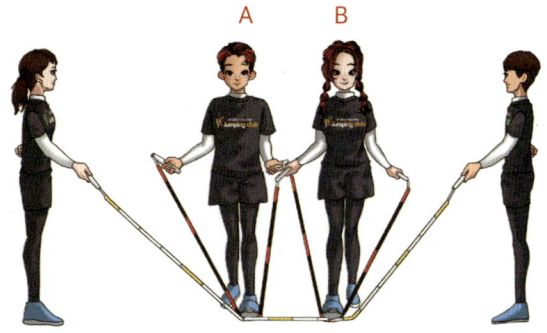

❹ ❸번 동작 후 A와 B는 왼손을 푼 다음 오른손을 풀면서 양발을 모아(1도약) 줄을 넘고 A는 오른발, B는 왼발을 앞으로 내밀어 앞 멈춤 한다.

●슈퍼 긴 줄 1급

차이니즈 몰아주기 회전(3/4/3)

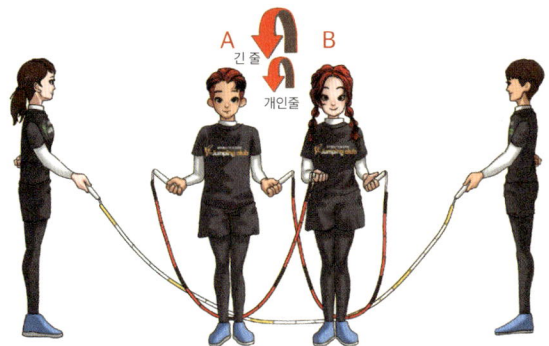

❶ 긴 줄 안에서 A는 오른쪽, B는 왼쪽 손잡이를 엇걸어 잡고 양발을 모아 준비한다. A와 B의 양발 뒤로 모든 줄이 위치해야 한다.

❷ A와 B는 오른손을 바닥으로 향하게 하고 왼손을 머리 위 방향으로 가게 해 양발을 모아 세 번 줄을 넘는다. A와 B의 개인줄이 각각 위아래 방향으로 다르게 돌아야 한다.

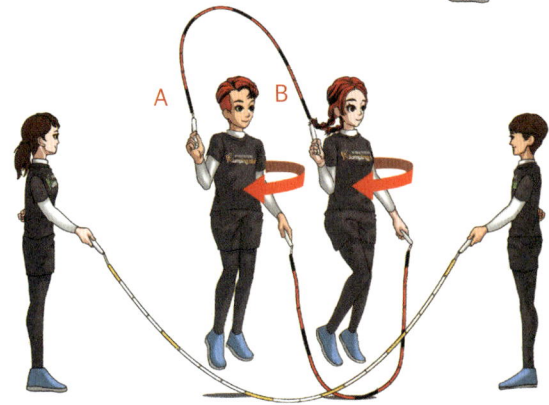

❸ ❷번 동작 후 A와 B의 왼손은 바닥을 치면서 머리 위 방향으로 가게 하고, 오른손으로는 한 번 더 바닥을 쳐 360도 회전하면서 줄을 넘는다. A와 B가 같은 방향을 보며 회전해야 한다.

❹ ❸번 동작 후 A와 B의 오른손은 바닥을 치면서 머리 위 방향으로 향하고, 왼손으로는 한 번 더 바닥을 쳐 360도 회전하면서 줄을 넘는다. A와 B의 줄 위치가 위아래 방향으로 달라야 하고, A와 B 모두 앞 멈춤 한다.

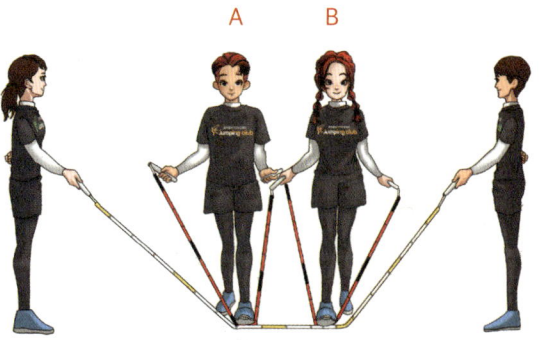

4단계

마스터 과정

● 마스터 개인줄 7급

01 앞 멈춰 다리 꼬아 회전뛰기

❶ 왼발을 앞으로 내밀면서 앞꿈치를 들고 줄을 걸어 멈춘다.

❷ 오른발을 줄 앞으로 옮겨 밖에서 안으로 줄을 꼰 다음 몸 뒤쪽 바닥에 내딛는다.

발 회전

❸ 몸을 오른쪽으로 회전하면서 왼손으로 줄을 푼다. 손을 머리 위로 옮기면서 푼다.

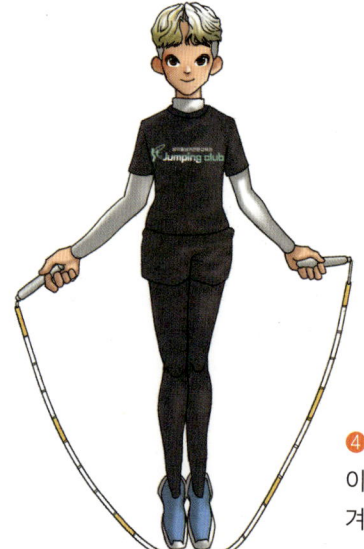

❹ 팔을 몸에 가까이 붙이고, 줄을 머리 위로 넘겨 뛰어넘는다.

●마스터 개인줄 7급

02 꽂게 엇걸어뛰기(카부스)

❶ 다리를 어깨보다 약간 넓게 벌리고, 팔을 몸에 가까이 붙여 줄을 머리 위로 넘긴다.

❷ 양손을 엇걸어 허벅지 밑에 오게 하고, 다리를 굽힌다.

❸ 허벅지 밑에서 줄을 엇걸어 등 뒤로 넘기고, 넘어오는 줄을 뛰어넘으면서 양발을 어깨너비만큼 벌린다. 몸을 허벅지에 붙여서 넘는다.

❹ 상체를 세우면서 양손을 풀고, 줄은 뒤로 넘겨 양발을 모은다.

●마스터 개인줄 7급

03 십자 오금 엇걸어뛰기(메간)

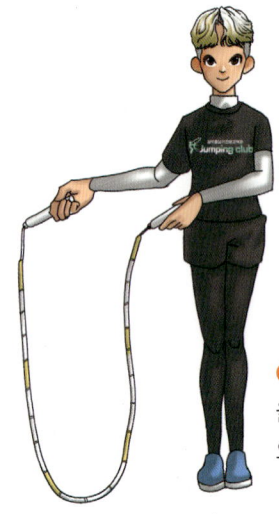

❶ 상체를 숙이면서 줄을 앞으로 돌리고, 왼쪽으로 두 번 옆 떨친다.

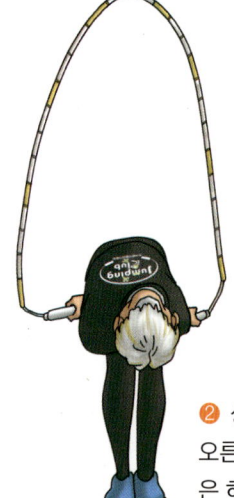

❷ 상체를 허벅지에 붙이고 오른손은 가슴 앞으로, 왼손은 허벅지 밑에 오게 한다.

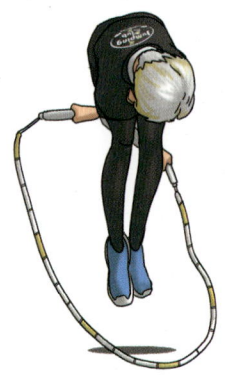

❸ 시선은 바닥으로 향하고, 줄을 머리 위로 넘겨 줄을 넘는다.

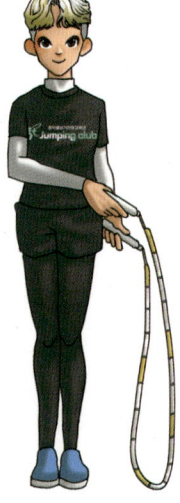

❹ 줄을 앞으로 돌리면서 오른쪽으로 양손을 모아 옆 떨친다.

● 마스터 개인줄 7급

04 2중 더블 엇걸어뛰기 [((OO)C.C]

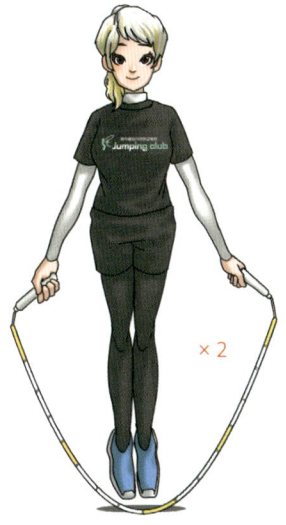

× 2

❶ 양발 모아뛰기 후 팔꿈치를 몸에 붙이고 앞을 보며 공중에서 두 번 넘는다(2중뛰기).

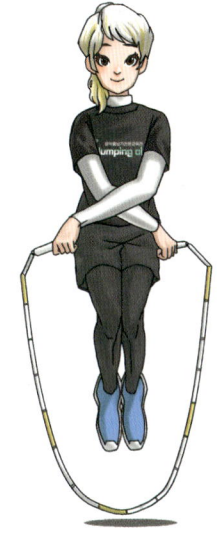

❷ 줄을 앞으로 넘기면서 오른손을 위로, 왼손은 아래로 해 엇걸어 넘는다. 도약을 힘차게 해 무릎을 굽힌다.

손 위치 바꿈

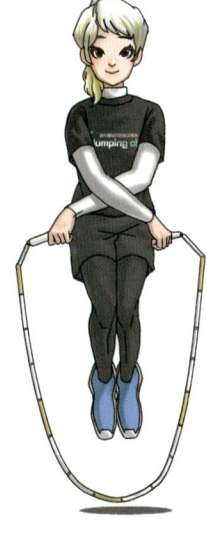

❸ 공중에서 엇건 손을 푼다. 오른손과 왼손을 평행으로 나란히 한다.

❹ 줄을 앞으로 넘기면서 왼손은 위로, 오른손은 아래로 해 엇걸어 뛰어넘는다.

● 마스터 개인줄 7급

05 되돌려 다리 들어 팔 걸어 멈춤

❶ 팔을 벌리고 줄을 머리 위로 넘긴다.

❷ 왼손은 가슴 앞에 놓고, 오른손은 등 뒤로 깊숙이 넣어 줄을 머리 위로 넘긴다.

❸ 넘어오는 줄을 오른발을 들어 넘긴다. 무릎은 살짝만 들어 올린다.

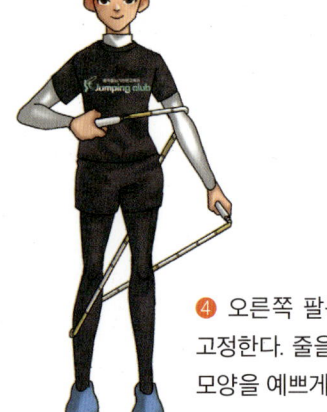

❹ 오른쪽 팔목에 줄을 걸어 고정한다. 줄을 당기면 줄넘기 모양을 예쁘게 만들 수 있다.

●마스터 개인줄 6급

01 바깥 두꺼비 팔 감아 되돌리기(인벌스 토드-W)

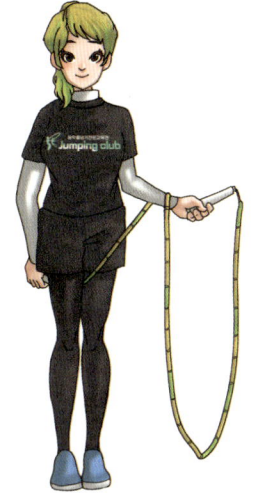

❶ 왼발을 들고 왼손을 왼쪽 허벅지 뒤로 깊숙이 넣은 다음 다리를 내리면서 오른쪽 팔목에 줄을 감는다.

❷ 줄이 감긴 손을 풀면서 왼쪽으로 옮긴다. 어깨가 옆으로 틀어지지 않도록 주의한다.

❸ 왼발을 들어 줄을 풀면서 넘는다. 발을 뒤로 접어 줄이 걸리지 않게 한다.

❹ 오른손은 가슴 앞에 놓고, 왼손은 등 뒤로 깊숙이 넣어 줄을 머리 위로 넘겨 푼다. 왼손과 오른손 높이를 맞춘다.

●마스터 개인줄 6급

02 사선 흔들어 힐뛰기

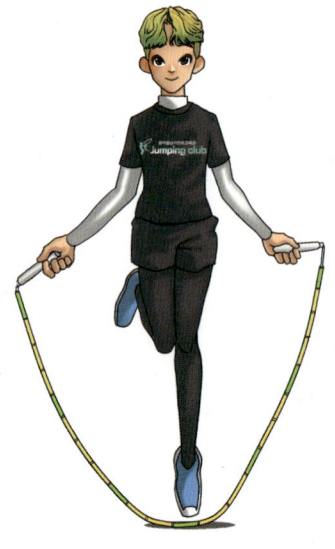

❶ 몸을 오른쪽으로 튼 다음 왼쪽 무릎을 뒤로 접으면서 뛰어 줄을 넘는다. 무릎은 발등을 세워 최대한 뒤로 접는다.

❷ 사선 방향으로 왼쪽 무릎을 펴고, 줄을 넘으면서 뒤꿈치를 바닥으로 내민다.

❸ 왼발을 왼쪽으로 옮겨 넘으면서 뒤꿈치를 바닥으로 내민다.

❹ 팔을 몸에 가까이 붙이고 줄을 머리 위로 넘겨 뛰어넘는다. 다리는 최대한 붙인다.

● 마스터 개인줄 6급

03 되돌려 넘어 양손 뒤 엇걸어 풀어뛰기(EB-TS)

❶ 오른손은 가슴 앞에 놓고, 왼손은 등 뒤로 깊숙이 넣어 줄을 머리 위로 넘겨서 뛰어넘는다.

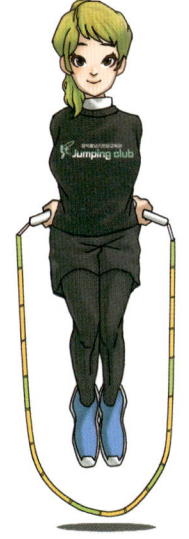

❷ 앞에 있는 오른손을 아래로 옆 떨치면서 등 뒤로 엇건다.

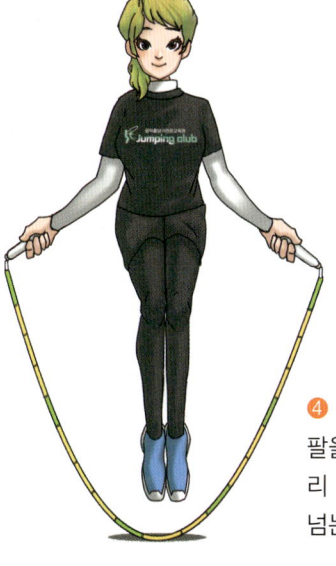

❸ 양손을 뒤로 최대한 깊숙이 넣어 엇걸어 넘어오는 줄을 뛰어넘는다. 양손을 뒤로 엇걸어 줄을 돌릴 때 손목을 위에서 아래로 회전하면서 넘는다.

❹ 엇건 손을 풀면서 양발을 모아 팔을 몸에 가까이 붙이고 줄을 머리 위로 넘겨 넘어오는 줄을 뛰어넘는다.

●마스터 개인줄 6급

04 2.5중 되돌려 넘기(S.EB.O)

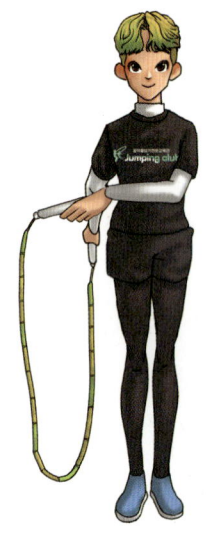

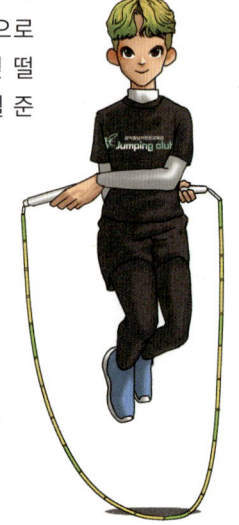

❶ 머리 위로 줄을 앞으로 넘기면서 왼쪽 바닥으로 옆 떨치며 돌린다. 옆 떨 칠 때 무릎을 굽혀 뛸 준비를 한다.

❷ 뛰면서(도약) 오른손은 가슴 앞에 놓고, 왼손은 등 뒤로 깊숙이 넣어 줄을 머리 위로 넘겨 뛰어넘는다.

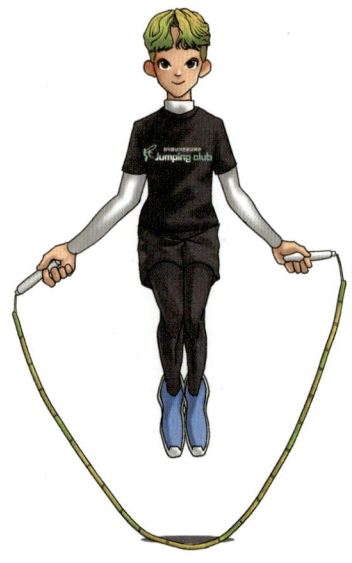

❸ 공중에서 등 뒤에 있던 왼손을 왼쪽으로 옮긴다. 양쪽 무릎을 굽혀 체공 시간을 늘린다.

❹ 양발을 모아 팔을 몸에 가까이 붙이고, 줄을 머리 위로 넘겨 넘어오는 줄을 뛰어넘는다.

●마스터 개인줄 6급

05 되돌려 다리 들어 X멈춤

❶ 왼손은 가슴 앞에 놓고, 오른손은 등 뒤로 깊숙이 넣어 줄을 앞으로 넘긴다.

❷ 넘어오는 줄을 오른발을 들어 뛰어넘은 후 다리를 내린다.

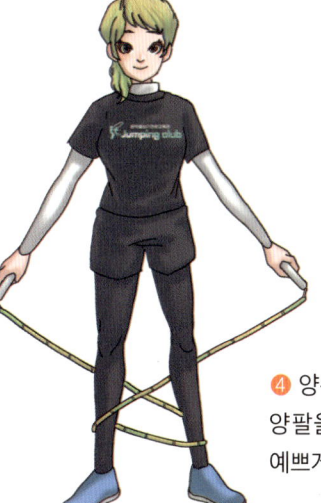

❸ 양손을 펼치면서 오른발을 접은 후 발을 왼쪽으로 깊숙이 넣어 왼쪽 줄에 발을 건다.

❹ 양손과 다리를 나란히 한다. 양팔을 벌리면 줄넘기 모양을 예쁘게 만들 수 있다.

● 마스터 개인줄 5급

01 되돌려 사방향뛰기

❶ 양팔을 넓게 벌리고 왼다리를 들어 올린다. 발끝은 최대한 편다.

❷ 왼쪽으로 몸을 90도 회전한 후 왼쪽 되돌려 뛰고, 오른쪽 되돌려 뛴다.

❸ 왼쪽으로 몸을 90도 회전한 후 왼쪽 되돌려 뛰고, 오른쪽 되돌려 뛴다.

❹ 또다시 왼쪽으로 몸을 90도 회전한 후 왼쪽 되돌려 뛰고, 오른쪽 되돌려 뛴다. 오른쪽 되돌려 뛰기 후 몸을 정면으로 90도 회전한다.

● 마스터 개인줄 5급

02　2중 보주먹뛰기

❶ 양발 모아뛰기 후 공중에서 줄을 두 번 넘으면서 양발을 어깨너비만큼 벌린다.

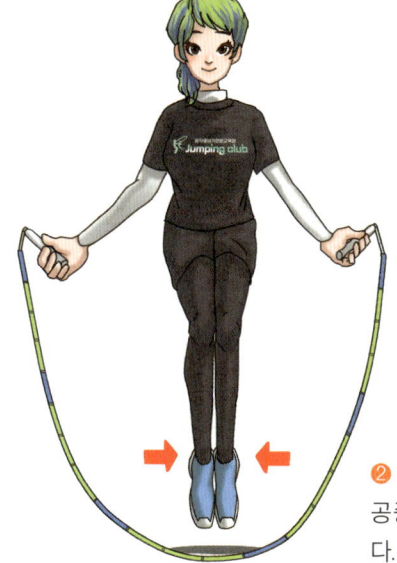

❷ 벌린 양발을 모으면서 공중에서 두 번 줄을 넘는다. 손목 스냅을 이용해 줄을 돌린다.

❸ 공중에서 두 번 줄을 넘으면서 양발을 어깨너비만큼 벌린다.

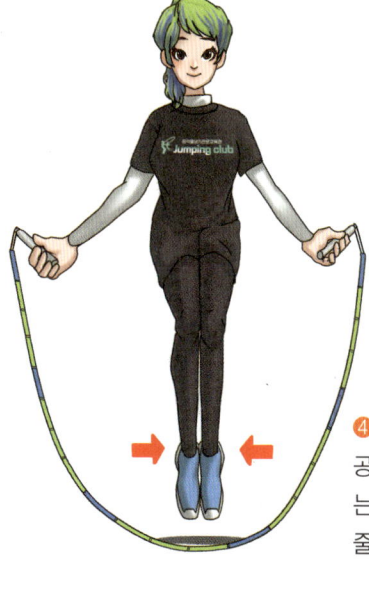

❹ 벌린 양발을 모으면서 공중에서 두 번 줄을 넘는다. 손목 스냅을 이용해 줄을 돌린다.

●마스터 개인줄 5급

03 오금 엇걸어뛰고 오금 되돌려 넘기(AS-CL)

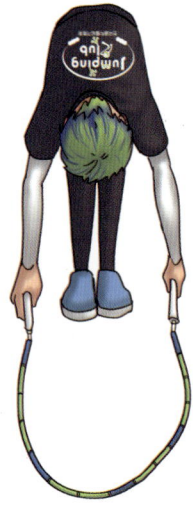

❶ 줄을 머리 위로 넘기면서 무릎을 굽히고, 줄을 바닥에서 U자 모양으로 만든다. 양팔을 앞쪽으로 최대한 뻗는다.

❷ 앞으로 넘긴 줄을 당겨서 뛴 후 손을 허벅지 밑으로 넣어 손목을 엇건다.

❸ 엇건 줄을 뛰어넘은 후 오른손은 허벅지 밑으로, 왼손은 허리 뒤로 깊숙이 넣어 손목을 돌린다.

❹ 굽힌 자세에서 줄을 되돌려 넘고 일어선다.

●마스터 개인줄 5급

04 2.5중 되돌려 엇걸어 넘기(S.EB.C)

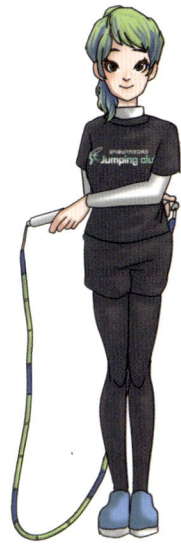

❶ 무릎을 굽히고 왼쪽 옆 떨치면서 줄을 넘는다. 옆 떨칠 때 왼손은 아래로, 오른손은 위로 한다.

❷ 공중에서 오른손은 가슴 앞에 놓고, 왼손은 등 뒤로 깊숙이 넣어 줄을 되돌려 넘는다.

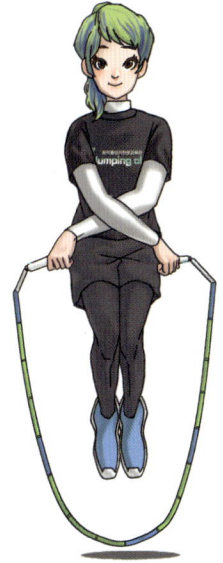

❸ 발이 바닥에 닿기 전 등 뒤에 있는 손을 가슴 앞에 있는 손 위로 엇건다.

❹ 엇건 줄을 바닥에 닿기 전 푼다. 손목 스냅을 이용한다.

●마스터 개인줄 5급

05 점프다리 X멈춤

❶ 줄을 머리 위로 던지면서 뛰어넘는다.

❷ 앞으로 줄이 넘어오면 양손을 무릎 밑으로 내린다.

❸ 무릎 밑으로 내린 양손을 허리 뒤로 밀면서 오른발을 뒤쪽으로 접어 바닥에 닿기 전 줄을 발목에 건다.

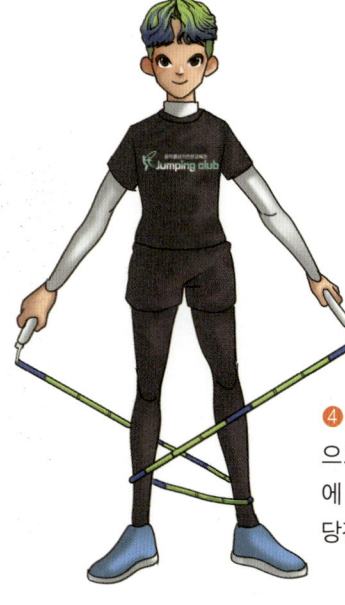

❹ 공중에서 건 줄을 양쪽으로 벌려 도약한다. 다리에 건 줄을 양 허리 쪽으로 당긴다.

● 마스터 개인줄 4급

01 두꺼비 팔 감아 개구리뛰기 (토드W-크루거)

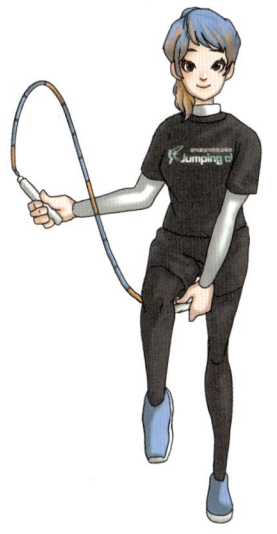

❶ 왼쪽 허벅지 밑으로 오른손을 넣어 왼쪽 손목에 줄을 한 번 감는다.

❷ 줄을 감았던 왼쪽 손목을 오른쪽으로 옮긴다. 손목 스냅을 이용해 줄을 감는다.

❸ 왼쪽 손목의 줄을 풀면서 오른손을 오른쪽 허벅지 밑으로 넣은 다음 줄을 위로 넘긴다.

❹ 머리 위로 넘긴 줄을 양쪽으로 옆 떨친다. 무릎을 최대한 들어 올린다.

● 마스터 개인줄 4급

02 2중 번갈아뛰기

❶ 양발 모아뛰기를 한다. 2중뛰기를 할 때 손목을 빠르게 돌린다.

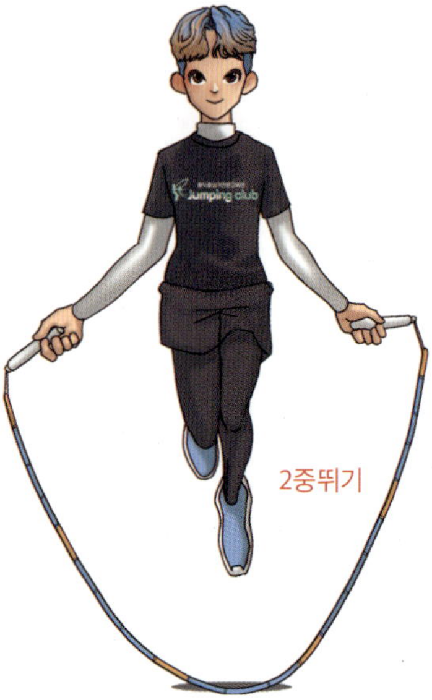

2중뛰기

❷ 오른발로 도약해 공중에서 두 번 줄을 넘는다. 무릎을 약간 굽힌 후 도약 준비를 한다.

2중뛰기

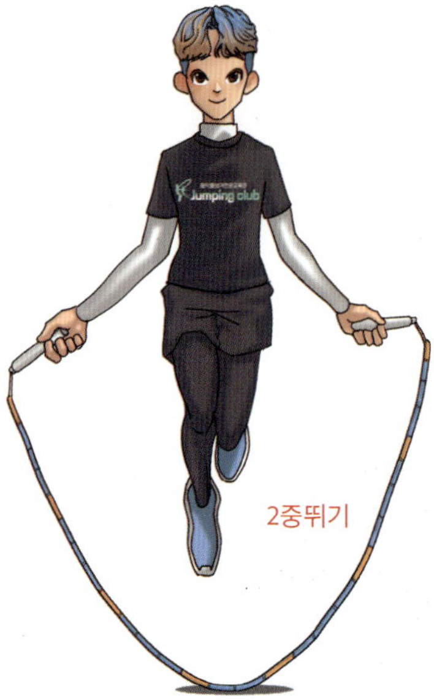

❸ 왼발로 도약해 공중에서 두 번 줄을 넘는다. 무릎을 약간 굽힌 후 도약 준비를 한다.

2중뛰기

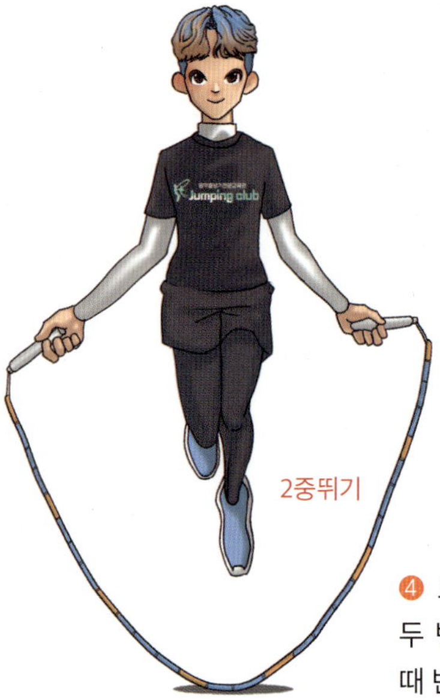

❹ 오른발로 도약해 공중에서 두 번 줄을 넘는다. 한 발로 뛸 때 반대쪽 무릎을 힘껏 올린다.

● 마스터 개인줄 4급

03 오금 되돌려 넘어 오금 되돌려 넘기 (CL-CL)

❶ 줄을 머리 위로 넘기면서 무릎을 굽히고, 줄을 바닥에서 U자 모양으로 만든다. 양팔을 앞쪽으로 최대한 뻗는다.

❷ 줄을 넘은 후 왼손은 허벅지 밑으로, 오른손은 허리 뒤로 깊숙이 넣어 손목을 돌려 줄을 뛰어넘는다.

❸ 오른손은 허벅지 밑으로, 왼손은 허리 뒤로 깊숙이 넣어 손목을 돌려 줄을 뛰어넘는다. 손을 바꿀 때 손목을 돌려야 줄이 엉키지 않고 잘 넘어온다.

❹ 굽힌 자세에서 되돌린 줄이 바닥에 닿으면 뛰어넘고 일어선다.

● 마스터 개인줄 4급

04 팔 감아 넘기 1.5중-2.5중(WW-WWO)

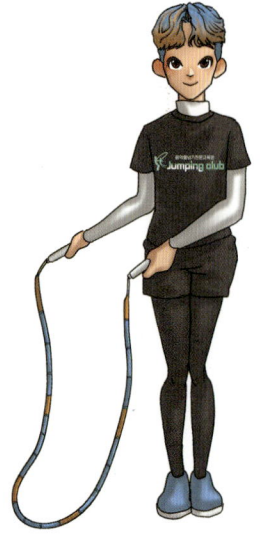

❶ 무릎을 굽히고 왼쪽 옆 떨치며 뛴다. 옆 떨칠 때 왼손은 아래로, 오른손은 위로 한다.

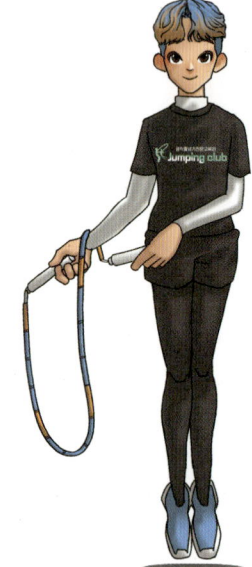

❷ 공중에서 왼쪽 손목에 줄을 한 번 감는다. 손목 스냅을 이용해 줄을 감는다.

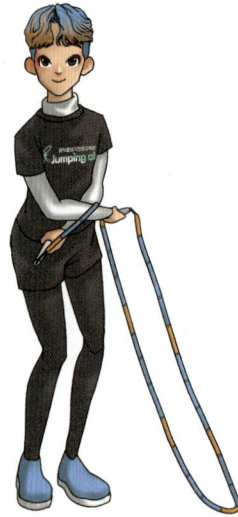

❸ 왼손을 오른쪽 방향으로 옮기고 무릎을 약간 굽힌 후 도약 준비를 한다.

❹ 왼손 줄을 공중에서 두 번 풀면서 발이 바닥에 닿기 전 줄을 넘는다.

●마스터 개인줄 4급

05 양손 뒤 엇걸어 백조 멈춤

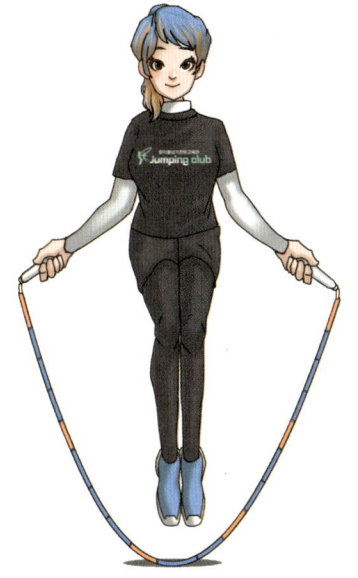

❶ 양발을 모으고 발뒤꿈치를 들어 무릎을 이용해 뛴다.

❷ 줄을 넘으면서 양손 뒤 엇걸어를 한다. 양손을 등 뒤로 깊숙이 넣는다.

❸ 왼발로 뛰어넘고 엇걸어 넘은 줄을 오른발에 건다. 발목이 접히는 부위에 줄을 건다.

❹ 양손을 머리 위로 올려 줄을 팽팽하게 당긴다.

●마스터 개인줄 3급

01 다리 밑 되돌려 몸 감아 릴리즈

❶ 오른쪽 허벅지 밑으로 왼손을 엇걸어 넣고, 오른손은 등 뒤로 깊숙이 넣어 줄을 넘긴다.

❷ 오른발을 내려놓으면서 줄을 다리에 감아 왼발로 넘고, 뒤에 있는 오른손을 오른쪽으로 넘긴다.

줄을 놓는다

❸ 왼발을 내리면서 오른손을 왼쪽으로 옮겨 줄을 왼발에 걸친다. 양발을 번갈아 뛰면서 줄을 옮겨야 한다.

❹ 오른손을 등 뒤로 돌려 줄을 왼발로 넘고, 왼팔에 줄을 감아 던지면서 손잡이를 잡은 다음 왼발을 들어서 넘긴다.

● 마스터 개인줄 3급

02 1.5중 되돌려 팔 감아 회전뛰기

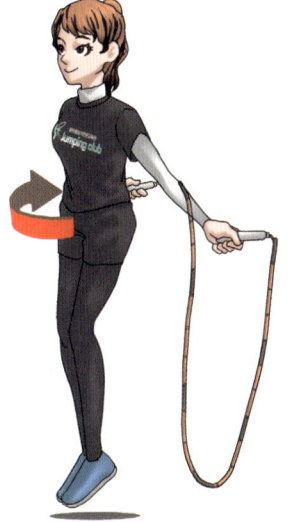

❶ 왼쪽 옆 떨치면서 오른손은 가슴 앞에 놓고, 왼손은 등 뒤로 깊숙이 넣어 줄을 뛰어넘는다.

❷ 공중에서 오른손을 빠르게 펴 손목에 가깝게 줄을 감는다.

❸ 왼쪽 방향으로 뒤로 돌아 오른팔에 감은 줄을 풀면서 뒤로 넘는다.

❹ 줄을 뒤로 떨치면서 뛰어넘고, 앞으로 돌아 공중에서 넘는다. 뒤로 떨칠 때 줄이 몸에 닿지 않아야 한다.

●마스터 개인줄 3급

03 팔 감아 엇걸어 1.5중-2.5중(WW-WWC)

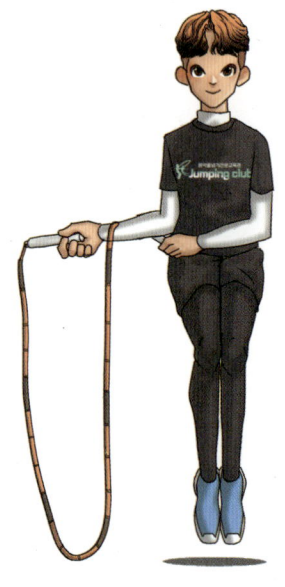

❶ 왼쪽으로 옆 떨치면서 무릎을 굽히고 뛸 준비를 한다.

❷ 왼팔을 벌려 팔에 줄을 감으면서 뛴다. 줄을 손목에 가깝게 한 번만 감는다.

❸ 오른쪽으로 팔을 옮겨 왼팔에 감긴 줄을 풀면서 뛴다. 팔에 감긴 줄을 풀 때 공중에서 두 번 돌린다.

❹ 공중에서 옆 떨쳐 엇걸어 넘는다. 줄이 옆이 아닌, 앞으로 오게 한다.

● 마스터 개인줄 3급

04 두꺼비 다리 감아 풀어 넘기 (토드W-다리W)

❶ 왼쪽 허벅지 밑으로 오른손을 엇걸어 넣어 줄을 넘고, 왼다리에 감으면서 한 번 더 넘는다.

❷ 줄이 감긴 왼발과 왼손을 오른쪽으로 옮기면서 옆 떨친다. 줄이 다리에 닿지 않도록 주의한다.

❸ 왼손을 왼쪽으로 옆 떨치고 왼발을 내려놓으면서 오른손을 아래로 내린다.

❹ 오른손을 오른쪽 허벅지 밑에 깊숙이 넣어 줄을 넘기고, 양쪽으로 한 번씩 옆 떨친다.

● 마스터 개인줄 3급

05 다리 꼬아 발목 걸어 멈춤

❶ 오른발을 내밀어 앞꿈치를 든 다음 줄을 넘겨 발바닥에 걸어 멈춘다.

❷ 왼발을 앞으로 내밀어 안에서 바깥으로 줄을 감는다. 줄이 허벅지 뒤쪽으로 오게 한다.

❸ 줄에 감긴 왼발을 뒤로 꼬아 오른쪽에 있는 줄 앞에 넣어 내려놓고, 왼손을 머리 뒤로 돌린다.

❹ 양손을 옆으로 벌리고, 뒤에 있는 왼발을 들면서 멈춘다. 한 발로 중심을 잘 잡는다.

● 마스터 개인줄 2급

01　1.5중 다리 밑 팔 감아 회전뛰기

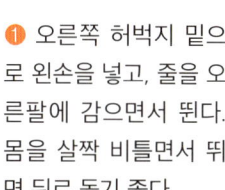
❶ 오른쪽 허벅지 밑으로 왼손을 넣고, 줄을 오른팔에 감으면서 뛴다. 몸을 살짝 비틀면서 뛰면 뒤로 돌기 좋다.

❷ 왼쪽으로 뒤로 돌아 오른팔에 감긴 줄을 풀면서 뛰어넘는다. 이때 양발을 같이 뛴다.

❸ 앞으로 돌아 뒤 떨치면서 줄을 넘는다. 떨칠 때 줄이 몸에 닿지 않아야 한다.

❹ 공중에서 줄을 넘는다. 몸을 모두 돌리기 전에 넘지 않도록 주의한다.

●마스터 개인줄 2급

02 뒤 2중뛰기

개인줄

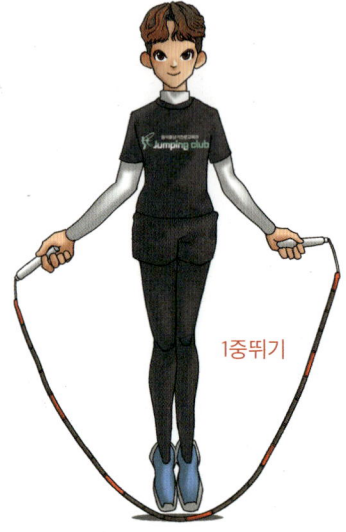

1중뛰기

❶ 양발을 모아 팔꿈치를 몸에 붙이고 앞을 보는 자세로 준비한다. 줄을 다리 앞쪽에 놓는다.

❷ 줄을 뒤로 세 번 넘는다. 허리를 굽히지 않은 자세로 1회전 1도약으로 줄을 넘는다.

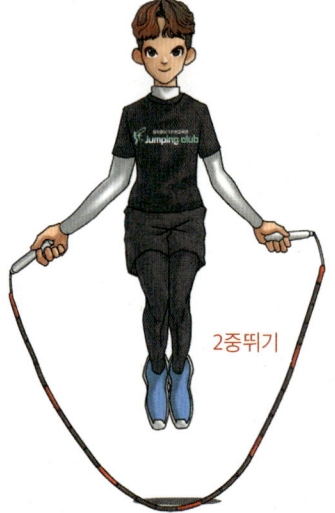

2중뛰기

❸ 공중에서 줄을 뒤로 두 번 넘는다. 높이 뛴 상태에서 손목을 빠르게 돌려야 한다.

❹ 왼발을 뒤로 내밀고 뒤꿈치를 들어서 줄을 걸어 멈춘다. 줄이 넘어오기 전에 발을 먼저 뒤로 내민다.

●마스터 개인줄 2급

03 팔 감아 되돌려 넘기 1.5중-2.5중
(WW-WWEB)

❶ 왼쪽으로 옆 떨치고, 왼팔에 줄을 감으면서 뛴다. 줄을 손목에 가깝게 감고 양발을 같이 뛴다.

❷ 오른쪽으로 팔을 옮겨 왼팔에 감긴 줄을 풀면서 뛴다. 줄이 몸에 닿지 않도록 주의한다.

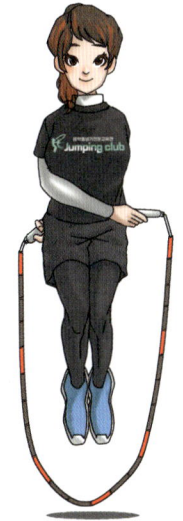

❸ 왼손은 가슴 앞에 놓고, 오른손은 등 뒤로 깊숙이 넣어 공중에서 줄을 넘는다.

❹ 뒤에 있는 왼손을 앞으로 빼면서 줄을 넘는다. 줄을 급하게 풀지 말고 머리 앞으로 넘어올 때 풀어야 줄에 걸리지 않는다.

●마스터 개인줄 2급

04 개구리 다리 감아 풀어 넘기 (크루거W-다리W)

❶ 왼쪽 허벅지 밑으로 왼손을 넣어 오른발로 넘고, 줄을 다리에 감으면서 한 번 더 넘는다.

❷ 줄이 감긴 왼발과 왼손을 오른쪽으로 옮기면서 옆 떨친다. 줄이 다리에 닿지 않도록 주의한다.

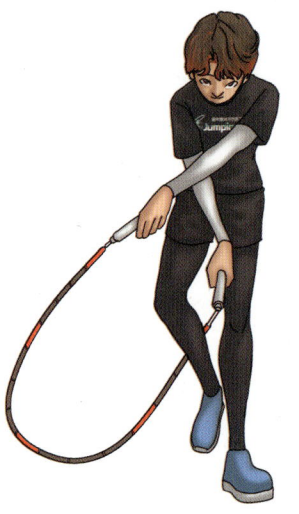

❸ 오른손을 왼쪽으로 옆 떨치고, 왼발을 내려놓으면서 왼손을 아래로 내린다.

❹ 왼손을 오른쪽 허벅지 밑에 깊숙이 넣은 다음, 오른손을 엇걸어 줄을 넘기고 양쪽으로 한 번씩 옆 떨친다.

● 마스터 개인줄 2급

05 바깥 두꺼비 한 팔 걸어 멈춤

❶ 왼손을 왼쪽 허벅지 바깥에서 밑으로 넣고, 오른쪽으로 옆 떨친다. 왼발을 높이 들어 올린다.

❷ 왼발을 내리면서 줄을 손목에 가깝게 오른팔에 감는다.

❸ 오른팔을 왼쪽으로 옮기고, 줄 사이에 왼손을 집어넣는다.

❹ 왼팔에 줄을 걸어 멈추고, 양팔을 벌린다.

●마스터 개인줄 1급

01   1.5중 두꺼비 팔 감아뛰기 (1.5중 토드-W)

❶ 오른쪽 허벅지 밑으로 왼손을 넣고 오른손에 줄을 감으면서 양발을 같이 뛴다.

❷ 오른팔을 왼쪽으로 옮겨 팔에 감긴 줄을 풀면서 뛴다. 이때 팔을 크게 돌리지 않으면서 손목을 이용하면 엉키지 않게 풀 수 있다.

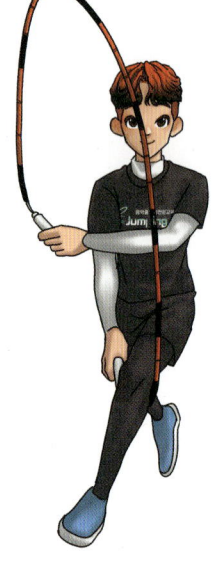

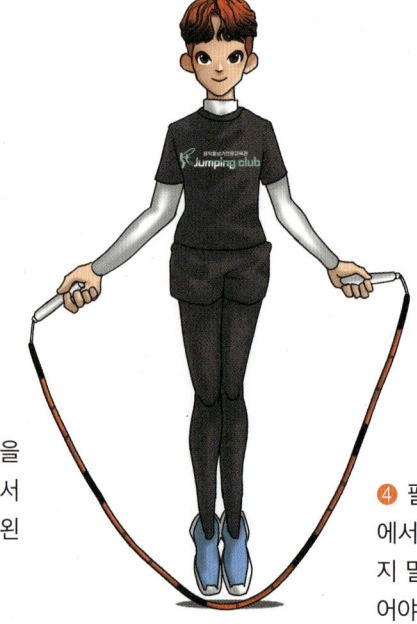

❸ 오른쪽 허벅지 밑으로 왼손을 넣고 오른손을 엇걸어 공중에서 넘는다. 오른발은 앞으로 들고, 왼발은 뒤로 든다.

❹ 팔을 풀면서 양발을 모아 공중에서 줄을 넘는다. 줄을 급하게 풀지 말고 머리 앞으로 넘어올 때 풀어야 줄에 걸리지 않는다.

●마스터 개인줄 1급

02 두꺼비 개구리 두꺼비 모아뛰기
(토드-크루거-토드-O)

❶ 왼쪽 허벅지 밑으로 오른손을 넣고, 왼손을 엇걸어 줄을 넘는다. 이때 손을 깊숙이 넣고 다리를 높이 들어야 한다.

❷ 오른쪽 허벅지 밑으로 오른손을 넣어 줄을 넘긴다. 줄이 넘어올 때 다리를 빠르게 바꿔야 한다.

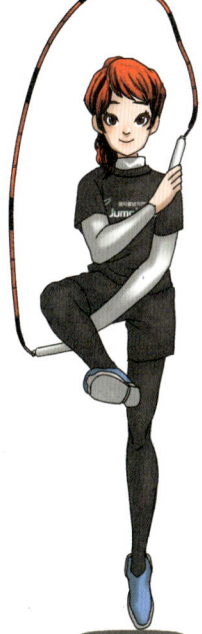

❸ 왼쪽 허벅지 밑으로 오른손을 넣고 왼손을 엇걸어 줄을 넘긴다. 이때 몸이 한쪽으로 기울지 않도록 주의한다.

❹ 양팔을 풀면서 줄을 넘는다. 이때 처음에는 토드-크루거만 연습하고 익숙해지면 토드-크루거-토드로 연결한다.

● 마스터 개인줄 1급

03 3중뛰기

❶ 양발을 모아 팔꿈치를 몸에 붙이고 앞을 보는 자세로 준비한다.

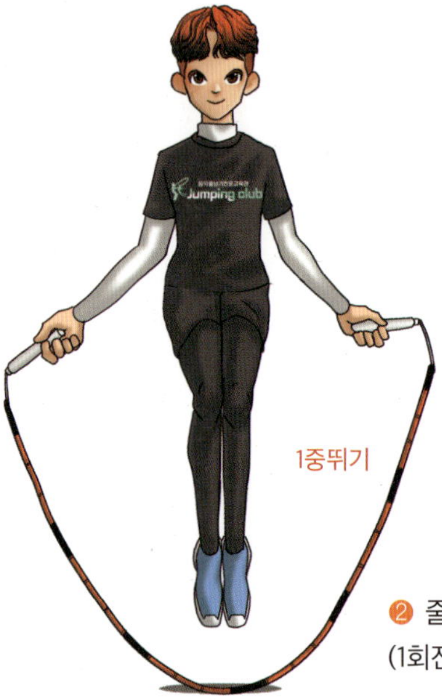

1중뛰기

❷ 줄을 한 번 넘는다 (1회전 1도약).

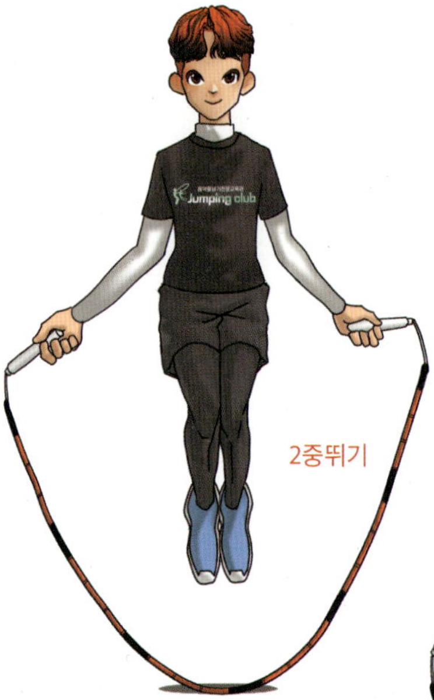

2중뛰기

❸ 공중에서 두 번 넘는다. 이때 높이 뛴 상태에서 손목을 빠르게 돌려야 한다.

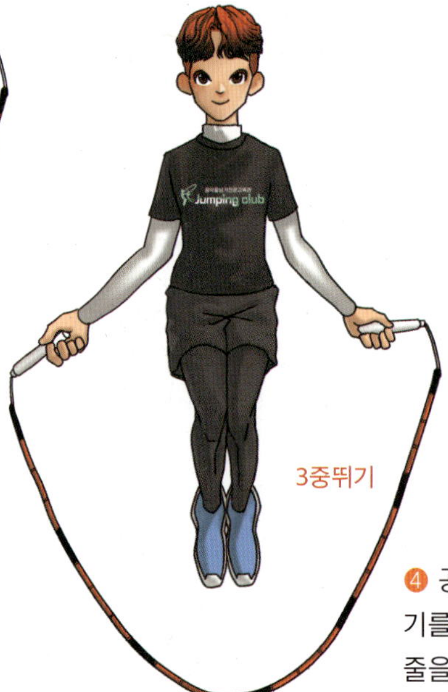

3중뛰기

❹ 공중에서 세 번 넘는다. 2중뛰기를 빠르게 뛰는 연습과 양손에 줄을 하나씩 들고 세 번 빠르게 돌리는 연습을 하면 도움이 된다.

● 마스터 개인줄 1급

04 2.5중 옆 떨쳐 두꺼비뛰기 (S.T.J.O)

❶ 왼쪽으로 옆 떨치면서 무릎을 굽히고 뛸 준비를 한다.

❷ 왼쪽으로 옆 떨치면서 높이 뛴다. 옆 떨침과 동시에 양 발을 같이 뛰어야 한다.

❸ 왼쪽 허벅지 밑으로 오른손을 넣고, 왼손을 엇걸어 줄을 넘는다. 왼발은 앞으로, 오른발은 뒤로 든다.

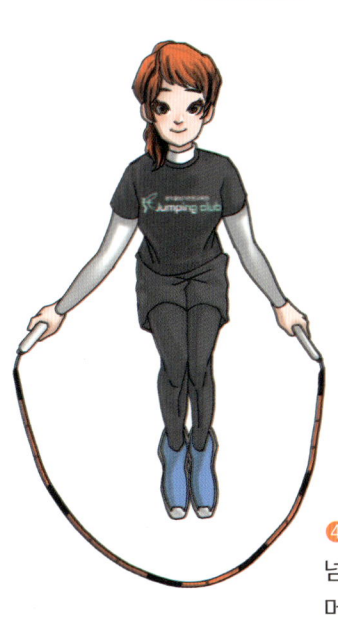

❹ 공중에서 팔을 풀면서 줄을 넘는다. 줄을 급하게 풀지 말고 머리 앞으로 넘어올 때 풀어야 줄에 걸리지 않는다.

● 마스터 개인줄 1급

05 되돌려 팔 감아 다리 걸어 릴리즈 멈춤

❶ 오른쪽으로 옆 떨치면서 왼손은 가슴 앞에 놓고, 오른손은 등 뒤로 깊숙이 넣는다.

❷ 왼손을 펴 줄을 팔에 감고 오른발을 뒤로 접은 다음 줄을 걸어 꼬아 선다.

줄 넘김

❸ 오른손에 잡은 손잡이를 던져 왼팔에 감긴 줄을 한 바퀴 돌려서 푼다.

❹ 손잡이를 오른손으로 잡으면서 양팔을 벌려 멈춘다. 한 바퀴 돌려 잡을 때 몸에 닿지 않게 주의한다.

● 마스터 짝줄 7급

차이니즈 엇걸어 자리 이동

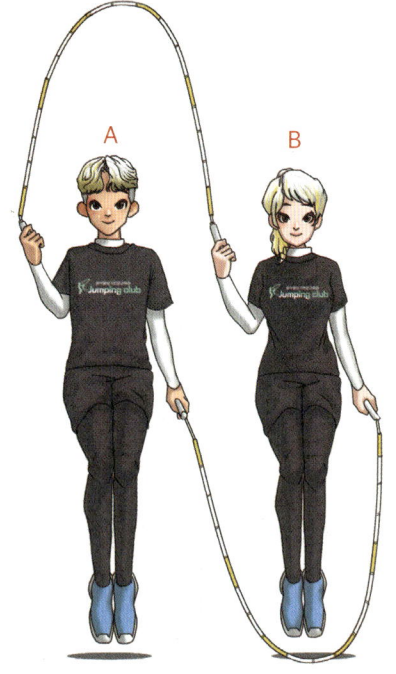

❶ 차이니즈 뛰기로 줄을 넘으면서 A는 B 뒤로, B는 A 앞으로 이동한다.

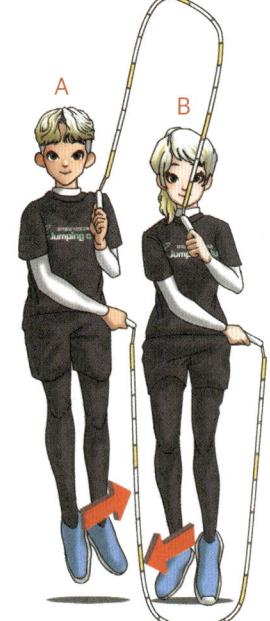

❷ 이동 후 교차되는 부분에서 엇걸기를 한다. 교차되는 시점에는 넘지 않고 엇걸어 옆 떨치기를 한다.

❸ 엇걸어 교차하는 순간 자리를 좌우로 이동한다. 엇거는 순간에는 줄을 넘지 않고 옆 떨치기를 한다.

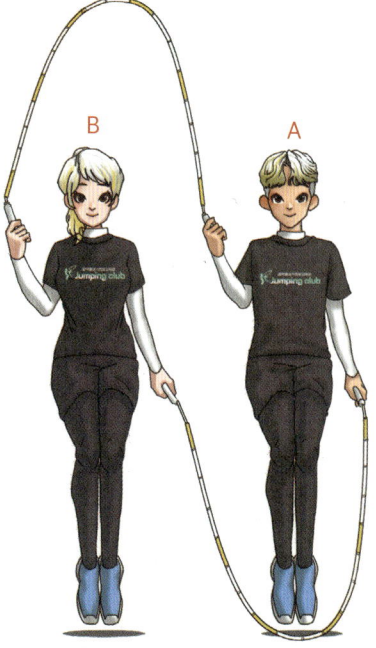

❹ 엇걸어 교차해 자리를 이동한 후 엇건 손을 풀면서 다시 차이니즈 뛰기를 시작한다.

● 마스터 짝줄 6급

차이니즈 되돌려 넘기 회전

❶ 차이니즈 뛰기를 한 후 A가 반 회전할 때 B는 왼손을 뒤로 해서 되돌려 넘는다.

❷ A가 한 바퀴를 돌 때 B는 되돌려 넘기를 한 후 풀어서 차이니즈 뛰기를 한다.

❸ 차이니즈 뛰기를 한 후 B가 안으로 반회전할 때 A는 오른손을 뒤로 해서 되돌려 넘기를 한다.

❹ B가 한 바퀴를 돌 때 A는 되돌려 넘기를 한 후 풀어서 차이니즈 뛰기를 한다.

● 마스터 짝줄 5급

차이니즈 두꺼비 회전 (토드 회전)

❶ 차이니즈 뛰기를 한 후 A가 회전할 때 B는 오른다리를 들어 허벅지 밑으로 왼손을 엇걸어 넘는다.

❷ A가 완전히 회전해 제자리로 돌아올 때까지 B는 왼손을 허벅지 밑에 그대로 두고 A가 완전히 회전했을 때 손을 풀어 차이니즈 뛰기를 한다.

❸ 차이니즈 뛰기를 한 후 B가 회전할 때 A는 왼다리를 들어 허벅지 밑으로 오른손을 엇걸어 넘는다.

❹ B가 완전히 회전해 제자리로 돌아올 때까지 A는 오른손을 허벅지 밑에 그대로 두고, B가 완전히 회전했을 때 손을 풀어 차이니즈 뛰기를 한다.

● 마스터 짝줄 4급

차이니즈 두꺼비 뛰기(토드)

❶ 차이니즈 뛰기를 한 후 A와 B 모두 오른발을 들어 엇거는 동작으로 줄을 넘는다. 이때 왼손이 먼저 오른쪽 허벅지 밑으로 들어가고, 오른손으로 왼손을 덮어 엇건다. A가 먼저 줄을 넘는다.

❷ 오른다리를 들어 엇걸기를 한 후 오른손을 먼저 풀면서 넘고, 그다음 왼손을 풀어 넘는다.

❸ 반대쪽은 A와 B 모두 왼발을 들어 엇걸어 동작으로 넘는다. 이때 오른손이 먼저 왼쪽 허벅지 밑으로 들어가고 왼손으로 오른손을 덮어 엇건다. B가 먼저 줄을 넘는다.

❹ 오른다리를 들어 엇걸기를 한 후 오른손을 먼저 풀면서 넘고, 그다음 왼손을 풀어 넘는다.

● 마스터 짝줄 3급

차이니즈 몰아주기 엇걸어 회전

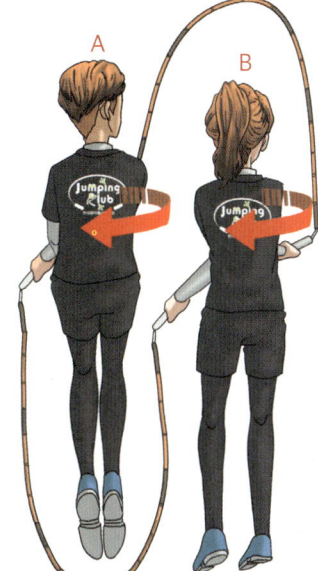

❶ A와 B는 차이니즈 뛰기를 하면서 같은 방향으로 돌아 B에게 줄을 넘긴다.

❷ 완전히 뒤로 돌면서 오른손을 먼저 뒤 엇걸고, 왼손을 덮어 엇걸어 넘기를 한다.

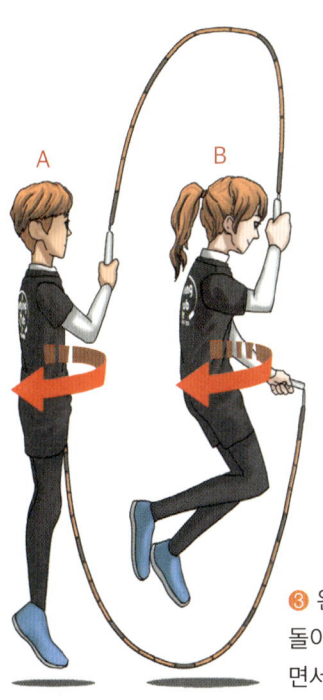

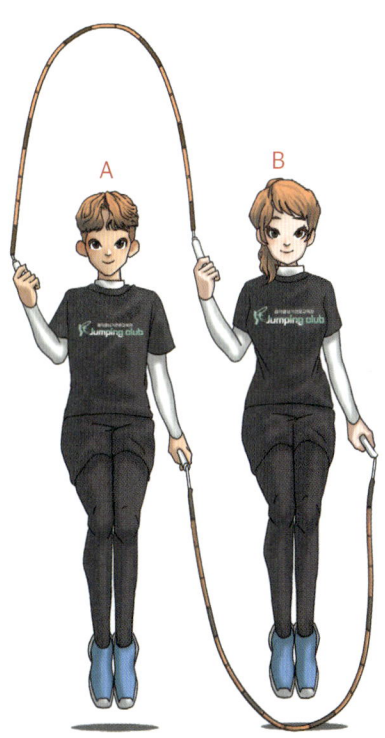

❸ 왼쪽 같은 방향으로 돌아 B에게 줄을 넘기면서 엇건 손을 푼다.

❹ 완전히 앞으로 회전한 후 차이니즈 뛰기를 한다.

● 마스터 짝줄 2급

차이니즈 두꺼비-개구리-두꺼비

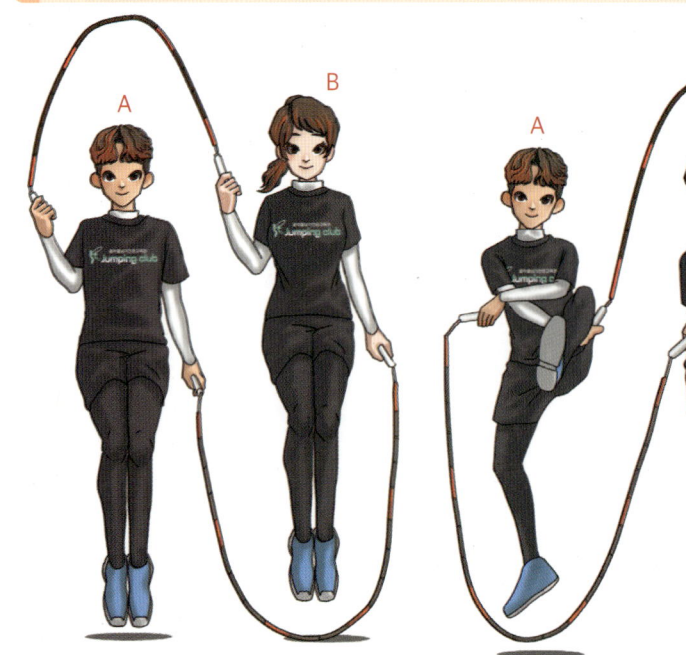

❶ 차이니즈 뛰기를 하면서 A가 줄을 뛰어넘어 박자를 맞춘다.

❷ A가 줄을 넘자마자 오른발을 들어 허벅지 밑으로 왼손을 넣고, 오른손을 덮으면서 다리 들어 엇걸어를 한다.

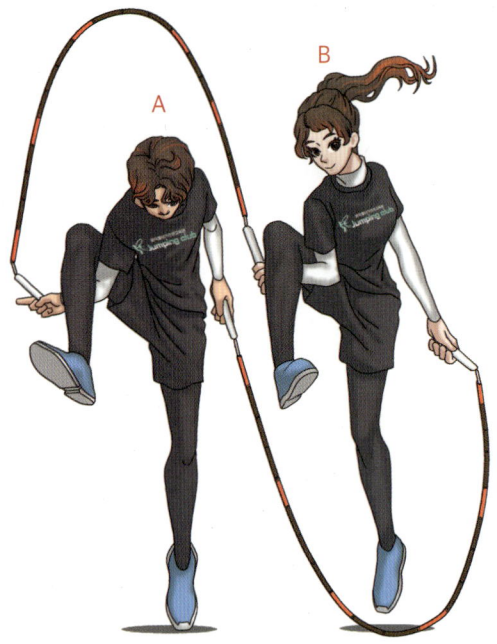

❸ 줄을 풀면서 왼발을 들고 왼쪽 허벅지에 왼손을 넣어 개구리뛰기를 한다.

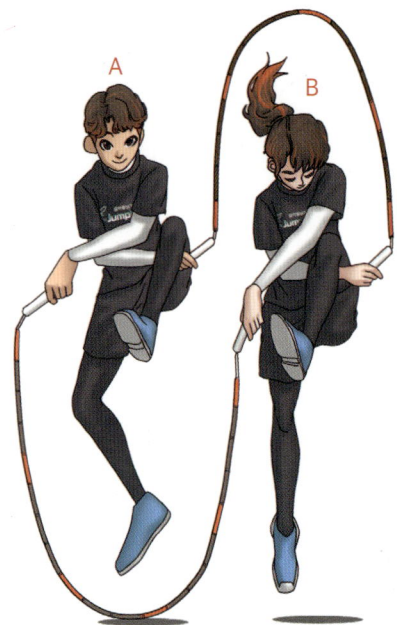

❹ 다시 오른발을 들고 오른손을 넣어 왼손을 덮으면서 다리 들어 엇걸어뛰기를 한 후 줄을 풀어 차이니즈 뛰기로 마무리한다.

● 마스터 짝줄 1급

차이니즈 마스터 연결 동작

❷ A가 회전하고 B는 되돌려 넘기를 한다.

❶ A와 B는 차이니즈 엇걸어뛰기를 하면서 서로 자리 이동을 한다.

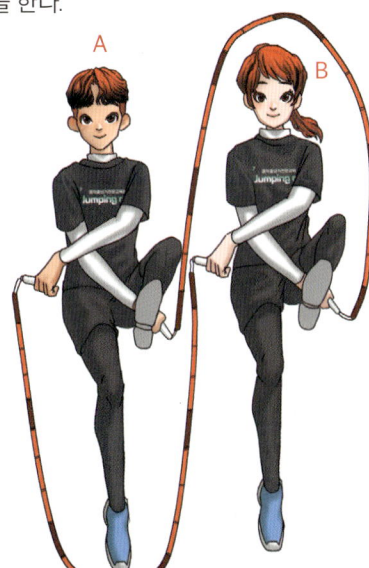

❸ A와 B 모두 오른발을 들어 허벅지 밑으로 왼손을 넣고 엇걸어뛰기(두꺼비뛰기)를 한다.

❹ 차이니즈 두꺼비뛰기 후 왼쪽 같은 방향으로 돌면서 뒤 엇걸어뛰기를 한다.

● 마스터 긴 줄(더블더치) 7급

기본 통과

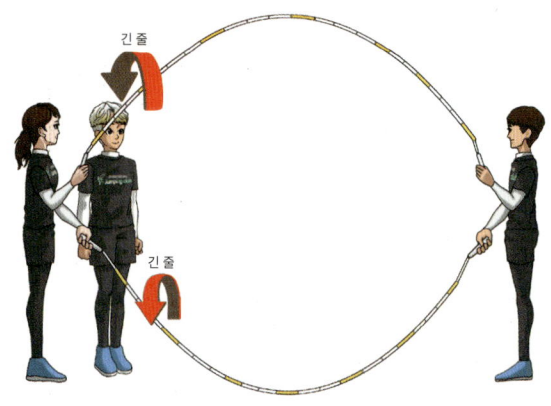

❶ 긴 줄을 돌리는 두 사람은 몸통을 기준으로 줄 두 개를 반 박자 차이를 두고 시계 반대 방향으로 돌린다. 마중줄에 뛰어 들어간다.

❷ 긴 줄 안에 들어간 후 가는 줄(배웅줄)과 오는 줄(마중줄)을 한 번씩 번갈아가며 양발 모아뛰기 1도약으로 줄을 넘는다.

❸ 긴 줄 안에서 양발 모아 1도약을 한 후 오는 줄(마중줄) 박자에 맞춰 뛰어나간다.

❹ 줄 밖으로 나갈 때 반드시 들어온 반대 방향으로 완전히 빠져나간다. 예를 들어 왼쪽에서 들어왔다면 오른쪽으로 나간다.

● 마스터 긴 줄 6급

기본뛰기 OOO CO CO(oo)×3

❶ 긴 줄을 돌리는 사람의 왼쪽에서 오는 줄(마중줄)에 뛰어들어간다. 그다음 개인줄을 돌리지 않고 종아리에 건 상태에서 세 번 1도약으로 뛰며 줄을 돌릴 박자를 맞춘다.

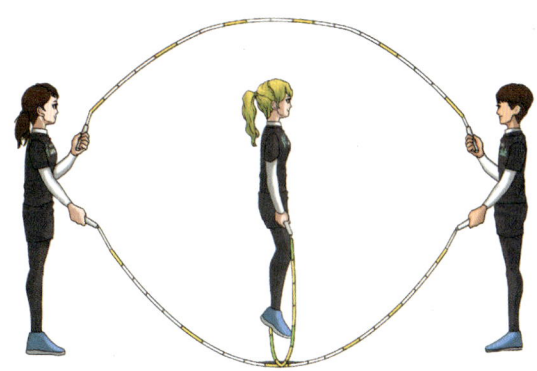

❷ 긴 줄을 박자에 맞춰 넘을 때 개인줄도 함께 1도약으로 넘는다.

❸ 긴 줄 안에서 1도약으로 엇걸어 풀어뛰기를 한다. 모든 동작은 긴 줄을 넘는 것과 동시에 한다.

❹ 긴 줄 안에서 개인줄을 넘으면서 오른쪽 손목에 줄을 감아 나갈 준비를 한다. 손목에 줄이 다 감기면 오는 줄(마중줄)을 넘으면서 뛰어나간다.

● 마스터 긴 줄 5급

다중뛰기 OOO (OO)(CO) (OO)(CC)

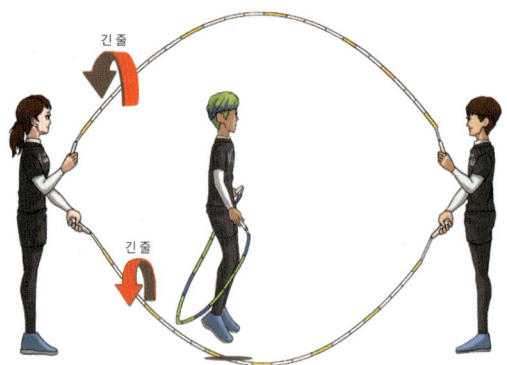

❶ 긴 줄을 돌리는 사람의 왼쪽에서 오는 줄(마중줄)에 뛰어들어간다. 그 다음 개인줄을 종아리에 건 상태에서 세 번 1도약으로 뛴 후 양발 모아 1도약을 세 번 한다.

❷ 긴 줄 안에서 1도약을 세 번 한 다음 2중뛰기를 한 번 하고 솔개뛰기를 한다. 긴 줄을 한 번 넘을 때 공중에서 2중뛰기를 한다.

❸ 긴 줄 안에서 2중뛰기 후 송골매 뛰기를 한다. 긴 줄을 한 번 넘을 때 공중에서 2중뛰기를 한다.

❹ 긴 줄 안에서 개인줄을 넘으면서 오른쪽 손목에 줄을 감아 나갈 준비를 한다. 손목에 줄이 다 감기면 오는 줄(마중줄)을 넘으면서 뛰어나간다.

● 마스터 긴 줄 4급

위아래 돌리기

❶ 긴 줄을 돌리는 사람의 왼쪽에서 오는 줄(마중줄)에 뛰어들어간 후 1도약으로 뛴다.

❷ 가는 줄(배웅줄)을 넘자마자 뛰면서 자리에 앉는다.

❸ 긴 줄을 돌리는 사람은 뛰는 사람이 앉는 순간 마중줄을 먼저 머리 위로 올려 돌린 다음 배웅줄을 돌리면서 머리 위에서 더블더치를 한다.

❹ 뛰는 사람은 머리 위 더블더치를 보면서 마중줄이 내려오는 순간 일어나 줄을 넘으면서 1도약으로 뛴다.

● 마스터 긴 줄 3급

스위치

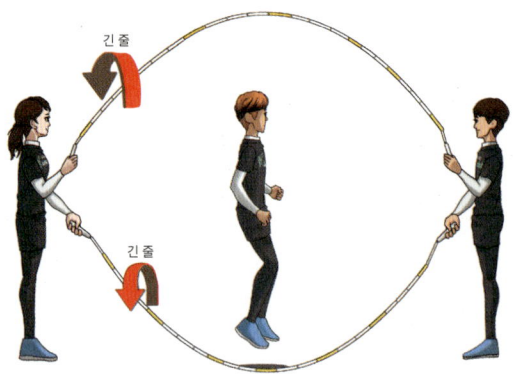

❶ 긴 줄을 돌리는 사람의 왼쪽에서 오는 줄(마중줄)에 뛰어들어간 후 1도약으로 뛴다.

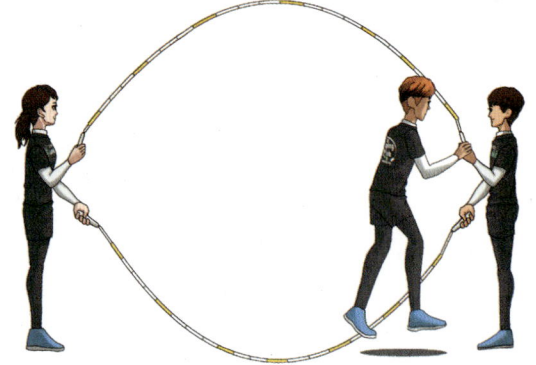

❷ 긴 줄 안에서 1도약으로 세 번 뛰며 앞으로 이동한 후 오는 줄(마중줄)에 줄 돌리는 사람의 왼쪽으로 나가면서 왼쪽 줄넘기 손잡이를 왼손으로 잡는다.

❸ 왼쪽 손잡이를 잡은 후 줄 돌리는 사람의 오른쪽 줄넘기 손잡이를 오른손으로 잡는다.

❹ 뛰는 사람과 줄 돌리는 사람의 역할이 바뀌면서(스위치) 줄을 돌렸던 사람이 뛰는 사람이 되어 줄 돌리는 사람 오른쪽에서 오는 줄(마중줄)에 들어간 후 앞으로 이동하며 1도약으로 뛴다.

●마스터 긴 줄 2급

뒤돌아 엇걸어

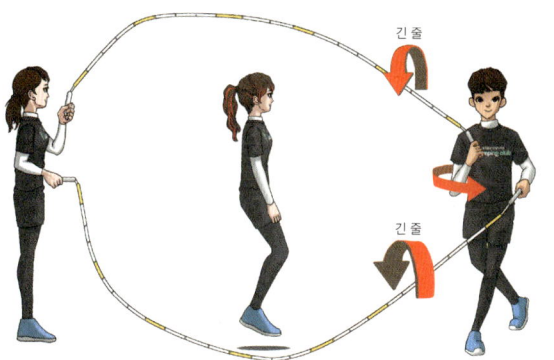

❶ 긴 줄 안에서 뛰는 사람과 줄을 돌리는 사람이 함께 뛰는데 뛰는 사람은 1도약을 하고, 줄을 돌리는 사람은 오는 줄(마중줄)을 보면서 오른쪽으로 몸을 돌린다.

❷ 몸을 돌리면서 왼손이 아래로 향하고, 왼쪽으로 오는 줄(마중줄)을 넘으면서 손을 엇건다.

❸ 긴 줄 안에서 뛰는 사람은 1도약으로 뛴다. 줄을 돌리는 사람은 뒤 엇걸어 돌리기를 하되 줄은 넘지 않는다.

❹ 뒤 엇걸어 돌리기를 하다 왼쪽 줄넘기가 바닥을 칠 때 왼쪽으로 돌면서 뒤 엇걸었던 양손을 오른손, 왼손 순서로 풀어 더블더치를 한다.

● 마스터 긴 줄 1급

좌우 돌리기

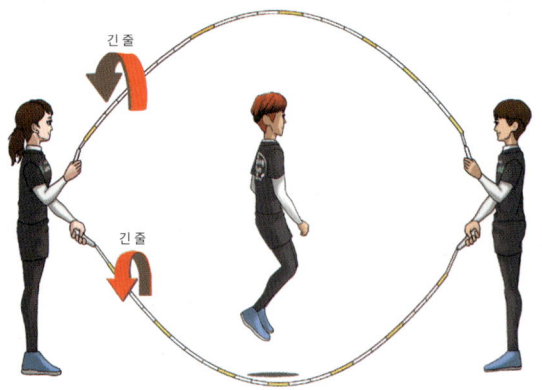

❶ 긴 줄을 돌리는 사람의 왼쪽에서 오는 줄(마중줄)에 뛰어들어간 후 1도약으로 뛴다.

❷ 긴 줄을 돌리는 사람은 뛰는 사람이 가는 줄(배웅줄)을 넘자마자 줄을 옆으로 빼 공중에서 더블더치를 돌린다. 더블더치가 옆으로 빠져도 긴 줄 안에서 뛰는 사람은 계속 박자에 맞춰 뛴다.

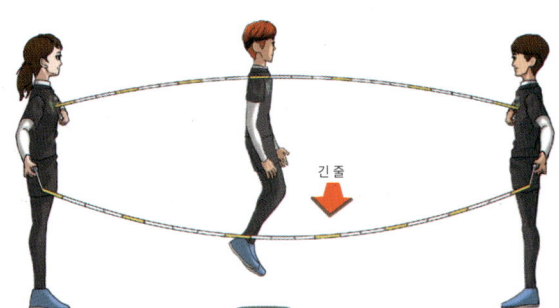

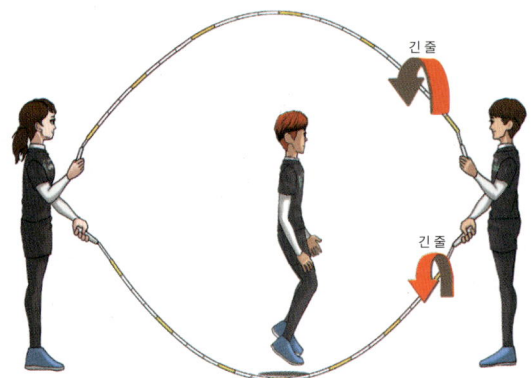

❸ 옆으로 빠진 더블더치는 오는 줄(마중줄)을 뛰는 사람 쪽으로 돌리면서 중앙으로 다시 돌아와 줄을 돌린다.

❹ 반대쪽 옆으로 줄을 뺄 때는 오는 줄(마중줄)을 넘는 것과 동시에 줄을 옆으로 빼 공중에서 더블더치를 돌린다.

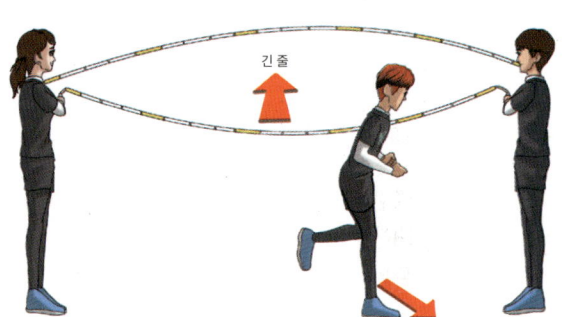